Italian Verbs
Regular and Irregular

PRONUNCIATION KEY — TERMINOLOGY — CONJUGATIONS
GUIDE FOR IRREGULAR VERBS

MORE THAN 500 VERBS

By
OLGA RAGUSA

•

1984
S. F. VANNI
Publishers and Booksellers
30 West 12th Street
New York, N.Y. 10011-8691
(212) 675-6336

Table of Contents

Preface

The Italian verb, with its many forms and its many irregularities, presents one of the major difficulties in an otherwise reputedly easy language. Grammarians have long tried to bring some order into the complicated theory of Italian verbs, to classify the irregularities, and to provide memory aids to the student. This booklet is a compendium of their efforts, supplemented by the direct experience of teaching in a variety of situations and in answer to a variety of needs.

A special feature of the present manual, and one not available elsewhere, is a guide for the identification of irregular verbs. This has been included especially for the student who is interested mainly in gaining a reading knowledge of the language, and who is from the first discouraged by his inability to find the meaning of words which he encounters as words and not as verb forms. This would be the case, for instance, for the form **feci** from the infinitive **fare**. Even in the more traditional grammar courses it has become the practice to emphasize reading comprehension from the very start, often before the rudiments of tense formation and the phenomena of irregular verbs have been mastered. Here, too, this guide will be found useful.

Aside from this special feature, the manual offers in compact, easily available form all there is to be known on Italian verbs, including theoretical considerations and a simple system of cross references. Special attention has been paid to problems of pronunciation; the stressed syllable of every form is indicated and a distinction is made between closed and open **e** and **o**.

The author wishes to thank Professor J. F. De Simone of Brooklyn College for his careful and intelligent reading of the text, and both Professor De Simone and Professor H. R. Marraro of Columbia University for their many invaluable suggestions.

Note on Pronunciation

The following remarks are intended primarily as a guide to the pronunciation of the vowels in Italian verbs. For a more complete treatment of Italian sounds in general the student is referred to any good Italian grammar available to him.

The sounds of the vowels **a, u, i** present no special difficulty.

The vowels **e** and **o** each have two distinct sounds, an open and a closed sound:

1. open **e** is nearly like **e** in 'let': pènso, prèndo;
2. closed **e** is nearly like **a** in 'late': védo, crédo;
3. open **o** is nearly like **o** in 'soft': pòrto, òdo;
4. closed **o** is nearly like **o** in 'rope': rómpo, sóno.

In the text only those verbs whose stress falls either on the last syllable or on the antepenult (last syllable but two) are marked with an accent. In these cases open **e** and **o** bear a grave accent (parlò, è prèndere, vòlgono) and closed **e** and **o** bear an acute accent (poté, védono, conóscono). The vowels **a, i, u** are marked with an acute accent when they occur in stressed antepenults (invádere, finíssero, condússero). When the verb form bears no accent mark the stress falls on the penult (next to the last syllable.)

When not stressed **e** and **o** always have the closed sound.

In the diphthongs **ie** and **uo**, **e** and **o** are always open (sièdo, vuòle).

E has an open sound in the following verb endings:

—endo (gerund): potèndo

—ente (pres. part.): potènte

—etti, —ette, —èttero (past absolute): credètti, credètte, credèttero

—ei, —ebbe, —èbbero (conditional): vedrèi, vedrèbbe, vedrèbbero

E has a closed sound in the following verb endings:

—ere (infinitive): vedére

—evo, —evi, —eva, —évano (imperfect): vedévo, vedévi, vedéva, vedévano

—ei, —esti, —é, —emmo, —este, —érono (past absolute) potéi, potésti, poté, potémmo, potéste, potérono

—essi, —esse, —éssimo, —éste, —éssero (past subjunctive): vedéssi, vedésse, vedéssimo, vedéste, vedéssero

—emo, —ete (future): troverémo, perderéte

—esti, —emmo, —este (conditional): scriverésti, avrémmo, faréste

O has an open sound in the following verb endings and monosyllabic forms:

ò (3rd sing. past absolute and 1st sing. future): andò, portò, farò, darò

—ossi, —osso (irregular past absolute and participle endings): mòssi (muòvere), mòsso

hò, dò, vò, stò, fò, vò' (= vòglio)

O has a closed sound in the following verb endings:

—ono (1st sing. pres. indic.): abbandóno

—osi, —ose, —ósero (past absolute): pósi, póse, pósero

—otto (past participle): rótto, condótto; but note that past participle of cuòcere is còtto.

Terminology

VERB (from the Latin **verbum** - word). The verb is that part of speech which indicates an action or a state of being in relation to a subject (i.e., in relation to someone or something which performs that action or finds itself in that state). The importance of the verb is emphasized by its name which singles it out as the word **par excellence**. Without verbs the living quality of beings and things could not be expressed.

ACTIVE AND PASSIVE VOICE. Verbs have an active or a passive form according to the function of the subject with respect to the verb. If the subject is the doer of the action expressed by the verb or finds itself in a given state, the verb is active — **Many people are reading the book.** If the subject is the recipient of the action, the verb is passive — **This book is being read by many people.** All verbs, transitive and intransitive, have an active form, but only transitive verbs with a direct object can have a passive form, because it is the direct object of the active verb which becomes the subject of the passive verb. The meaning of a sentence which uses the verb actively — **The boy is reading the book** — is identical with the meaning of the sentence where the verb is used passively — **The book is being read by the boy.** The choice of one or the other form depends on the stylistic intentions of the author.

TRANSITIVE AND INTRANSITIVE VERBS (from the Latin **transire** - to pass, go beyond). Transitive verbs are those which express an action which passes over, or can pass over, from the subject to a direct object, whether this is expressed or not. Thus the verb **to study** is transitive, whether it is used in the sentence — **Charles studies Latin,** or in the sentence — **Charles studies.** Intransitive verbs are those which indicate a state or express an action which does not and cannot pass to a direct object — **The boat is arriving** — **I am going to Rome.**

REFLEXIVE VERBS (from the Latin **reflectere** - to bend back). Transitive verbs can have a reflexive or reciprocal form when

8

the action of the subject, instead of passing on to the direct object, returns to, or is reflected back upon, the same subject. This subject is usually represented by the reflexive pronouns which immediately precede the verb. There are however a number of intransitive verbs which are always accompanied by reflexive pronouns, but are not in themselves reflexive. The verb **accorgersi,** for instance, can be used only with the reflexive pronouns, which however do not serve as either direct or indirect pronouns, but simply give the verb its proper grammatical form.

CONJUGATION (from the Latin **conjugare** - to join, to unite). The changes which the verb undergoes in order to indicate its relation to the subject (number and person), the different way in which its action or state of being is represented (mood), and the time at which the action takes place (tense), can be schematically arranged in a system called the conjugation.

MOOD. The manner in which the action expressed by the verb is stated is called its mood. The form of the verb denotes the mood. In Italian the moods are the infinitive, participle, gerund, indicative, subjunctive, conditional, and imperative. Each mood has its tenses, divided into simple and compound.

INFINITIVE (from the Latin **in** + **finire** - undefined). The infinitive expresses the idea of a verb in an indefinite manner, without reference to time, number, or person. In Italian the infinitive is often used as a noun and is then preceded by the masculine singular definite article — **Il cantare mi piace.** The infinitive is the fundamental form of the verb and is the only one found in the dictionary. The infinitive has two tenses: the present (**to buy**) and the perfect (**to have bought**).

PARTICIPLE (from the Latin **participare** - to participate). The participle partakes of the nature of both verb and adjective. In Italian the present participle is used as an adjective — **Il sole cadente** — and is never used as a noun, as in English — **Studying is a pleasure.** In the latter case, as we have just seen, Italian makes use of the infinitive. The participle has both a present (**buying**) and a past (**bought**) form.

GERUND (from the Latin **gerere** - to bear, carry, perform). The gerund presents in invariable form the action or state indicated by the verb, mostly in relation to other actions or states represented by a finite verb — **By reading we acquire knowledge.** In English the gerund is usually introduced by

9

some preposition as **in** or **by;** in Italian it is used alone —
Leggendo impariamo. There is a present and a past form
(buying, having bought).

INDICATIVE (from the Latin **indicare** - to point out). The mood
of certainty and reality. It represents the denoted act or state
as an objective fact in the mind of the speaker — **I am eating.**
The tenses of the indicative with their Italian equivalents are
the following: present **(presente)** — **I buy;** past descriptive
or imperfect **(imperfetto)** — **I was buying, I used to buy,
I bought;** past absolute, preterite **(passato remoto)** - **I bought;**
future **(futuro semplice)** - **I shall buy;** present perfect **(passato
prossimo)** - **I have bought;** past perfect **(trapassato prossimo)
I had bought;** second past perfect **(trapassato remoto)** - **I had
bought;** future perfect **(futuro anteriore)** - **I shall have bought.**

SUBJUNCTIVE (from the Latin **subjungere** - to subjoin). The
mood of uncertainty. It represents an attitude towards, or
concern with, the denoted action or state not as a fact but
as something either simply entertained in thought, contingent,
possible, or emotionally viewed as a matter of doubt, desire,
will. It is usually used in subordinate clauses. The tenses of
the subjunctive are: present **(presente)** - **that I may buy;**
past **(imperfetto)** - **that I might buy;** present perfect **(passato)** - **that I may have bought;** past perfect **(trapassato)**
-**that I might have bought.**

CONDITIONAL (from the Latin **con + dicere** - to mention together).
The mood that expresses or implies a condition. Its tenses are
the present **(I would buy)** and the past. **(I would have
bought).**

IMPERATIVE (from the Latin **imperatus** - commanded). The mood
which expresses command, entreaty, or exhortation **(Buy!).**

The Three Conjugations

In Italian there are three conjugations which correspond to the three groups of Italian verbs. All Italian verbs in the infinitive end in either -are (first conjugation: **comprare**), -ere (second conjugation: **vendere**), or -ire (third conjugation: **partire**). The vowels **a, e, i** are therefore the characteristic conjugation vowels and are the key to the conjugation. The characteristic conjugation vowels are preserved in the majority of endings of the weak forms (i.e., those forms where the accent falls on the vowel of the ending and not on the stem vowel) and make it almost always possible, on the basis of the two tenses which are always regular (the imperfect indicative and the imperfect subjunctive), to determine to what conjugation a verb belongs.

There are regular and irregular verbs within each of the three conjugations, but while there are few irregular verbs in the first and third conjugations, the majority of second conjugation verbs are irregular. The reason for this is to be found in the double origin of second conjugation verbs. They derive from two distinct Latin types (which were divided into two conjugations in Latin), verbs like **timére** and **recípere**. Italian verbs ending in -ere may likewise be divided into two classes: those whose accent falls on the penult, **temére** (second conjugation in Latin), which is the normal Italian accentuation, and those whose accent falls on the antepenult, **ricévere** (third conjugation in Latin). While this difference in accentuation does not influence the conjugation of the regular verbs, it creates a distinctive feature in the irregular ones: the Italian verbs which derive from the second Latin conjugation have a great number of irregular forms. The large number of Italian second conjugation verbs which are only irregular in the past absolute and the past participle go back to the third Latin conjugation; those which derive from the second Latin conjugation are irregular also in the present indicative and present subjunctive.[1]

---

1. In the model conjugations of irregular second conjugation verbs (pp. 31-62) we have followed the breakdown indicated above.

Tense Formation and General Rules for the Conjugation of Regular and Irregular Verbs

There are simple and compound tenses. The compound tenses consist of the past participle of the verb used with some form of the auxiliary verb; the simple tenses are made up of a verb root with an ending, which varies according to the conjugation, the mood, the person, and the number.

The root of the verb is obtained by dropping the infinitive ending: -are, -ere, -ire. In the regular verbs the verb root does not change throughout the conjugation, though the accentuation does. The accent which normally falls on the root vowel, ámo, shifts to the ending in the first and second persons plural of the present indicative, amiámo, amáte, of the present subjunctive, amiámo, amiate, and of the imperative, amiámo, amáte, in the past participle, amáto, and in the gerund, amándo. When the verb root remains constant and the pattern of endings follows the scheme given in the conjugation of the three regular conjugations then the verb is said to be regular.[1]

The verbs which do not follow the pattern of conjugation of the conjugation to which they belong are irregular and seem, at first, disconcerting. A few general rules, however, can be applied to irregular verbs and will help to emphasize the pattern which is present, in spite of variations in verb root and sometimes even in ending.

First, certain parts of all irregular verbs (with the exception of èssere) are always regular: the present participle, the past descriptive, the past subjunctive (with the exception of dare and stare), the second person plural of the present indicative (with the exception of fare and dire), and the second person singular and the first and second persons plural of the absolute (with the exception of dare and stare). In this connection, however, it must be remembered that a number of infinitives appear currently in contracted form and that the original infinitive must be restored to form the regular forms. (According to this observation, the past descriptive of porre, ponevo, is regular if we remember that porre itself is a contraction of pónere).

---

1. Note that the endings are given in bold type and are to be transferred from one to the other verb of the same conjugation. See pp. 20-26.

Second, a large number of Italian second conjugation verbs (those derived from the second conjugation in Latin) are irregular only in the past participle and the past absolute, and even there only in the first and third persons singular and the third person plural. (In these irregular forms: **posi, pose, pósero** there is a variation in the root, but the endings are constant).

Finally, for those second conjugation verbs which are also irregular in the present indicative, the present subjunctive, and the imperative, it should be noted that the third person plural of the present indicative and the whole present subjunctive (with the exception of the first and second persons plural) are based upon the first person singular of the present indicative. The forms of the imperative are exactly like the corresponding forms of the present indicative.

The compound tenses of all verbs are formed with the help of the auxiliary verbs, **èssere** and **avere. Avere** is used for the active form of transitive verbs; **èssere** for all passive tenses and for the compound tenses of reflexive and reciprocal verbs. The active of intransitive verbs may take **avere** or **èssere,** and only observation can teach which is used when. (In the list of irregular verbs given in the present text, verbs conjugated with **èssere** are preceded by an *; those which may take either **avere** or **èssere,** according to whether they are used transitively or intransitively, are preceded by a +.

The conjugation of **porre** is given below to illustrate the pattern of irregularities in irregular verbs.

INFINITO

PRESENTE porre (from   PASSATO   avere posto
    pónere) (to put, place)

PARTICIPIO

PRESENTE **ponente**   PASSATO posto

GERUNDIO

PRESENTE *pon**endo**

13

INDICATIVO

PRESENTE	IMPERFETTO
io pongo	*io ponevo
tu poni	*tu ponevi
egli pone	*egli poneva
noi poniamo	*noi ponevamo
*voi ponete	*voi ponevate
essi póngono	*essi ponévano

PASSATO REMOTO	FUTURO
io posi	io porrò
*tu ponesti	tu porrai
egli pose	egli porrà
*noi ponemmo	noi porremo
*voi poneste	voi porrete
essi pósero	essi porranno

CONGIUNTIVO

PRESENTE	IMPERFETTO
che io ponga	*che io ponessi
che tu ponga	*che tu ponessi
ch'egli ponga	*ch'egli ponesse
*che noi poniamo	*che noi ponéssimo
*che voi poniate	*che voi poneste
ch'essi póngano	*ch'essi ponéssero

CONDIZIONALE

PRESENTE

io porrei	noi porremmo
tu porresti	voi porreste
egli porrebbe	essi porrèbbero

IMPERATIVO

poni	*poniamo
ponga	*ponete
	póngano

14

The starred forms are those which are always regular. In this particular verb there are a few additional regular forms: the second and third persons singular and the first person plural of the present indicative, and the second person plural of the imperative. The future and conditional can also be considered regular, since they follow the infinitive, which is, however, already contracted.

In general, it can be said, and this applies equally to regular and irregular verbs, that the future and conditional are based upon the whole infinitive (the final e is dropped, however); the past descriptive, past subjunctive, the regular forms of the past absolute, of the present indicative, and of the present subjunctive are based upon the gerund; the irregular forms of the past absolute follow the first person singular of that tense; for the compound tenses the past participle remains unchanged (except for agreements). The infinitive, the gerund, the past participle, and the first person singular of the present indicative and of the past absolute are, therefore, the **five** forms which should be memorized and on the basis of which the whole conjugation can be constructed.

The verbs **èssere, avere, andare, stare, fare, dire, dovere, sapere,** and **volere** are in some respects exceptions to what has been described with reference to **porre.**

INFINITO

PRESENTE èssere (to be)   PASSATO èssere stato

PARTICIPIO

PRESENTE (ente)   PASSATO stato

GERUNDIO

PRESENTE essendo   PASSATO essendo stato

INDICATIVO

PRESENTE
  io sono
  tu sei
  egli è
  noi siamo
  voi siete
  essi sono

PASSATO PROSSIMO
  io sono stato (a)
  tu sei stato (a)
  egli è stato
  noi siamo stati (e)
  voi siete stati (e) (o) (a)[1]
  essi sono stati

IMPERFETTO
  io ero
  tu eri
  egli era
  noi eravamo
  voi eravate
  essi èrano

TRAPASSATO PROSSIMO
  io ero stato (a)
  tu eri stato (a)
  egli era stato
  noi eravamo stati (e)
  voi eravate stati (e) (o) (a)
  essi èrano stati

PASSATO REMOTO
  io fui
  tu fosti
  egli fu
  noi fummo
  voi foste
  essi fúrono

TRAPASSATO REMOTO
  io fui stato (a)
  tu fosti stato (a)
  egli fu stato
  noi fummo stati (e)
  voi foste stati (e) (o) (a)
  essi fúrono stati

FUTURO SEMPLICE
  io sarò
  tu sarai
  egli sarà
  noi saremo
  voi sarete
  essi saranno

FUTURO COMPOSTO
  io sarò stato (a)
  tu sarai stato (a)
  egli sarà stato
  noi saremo stati (e)
  voi sarete stati (e) (o) (a)
  essi saranno stati

16

CONGIUNTIVO

PRESENTE

che io sia
che tu sia
ch'egli sia
che noi siamo
che voi siate
ch'essi síano

PASSATO

che io sia stato (a)
che tu sia stato (a)
ch'egli sia stato
che noi siamo stati (e)
che voi siate stati(e)(o)(a)
ch'essi síano stati

IMPERFETTO

che io fossi
che tu fossi
ch'egli fosse
che noi fóssimo
che voi foste
ch'essi fóssero

TRAPASSATO

che io fossi stato (a)
che tu fossi stato (a)
ch'egli fosse stato
che noi fóssimo stati (e)
che voi foste stati(e)(o)(a)
ch'essi fóssero stati

CONDIZIONALE

PRESENTE

io sarei
tu saresti
egli sarebbe
noi saremmo
voi sareste
essi sarèbbero

PASSATO

io sarei stato (a)
tu saresti stato (a)
egli sarebbe stato
noi saremmo stati (e)
voi sareste stati (e)(o)(a)
essi sarèbbero stati

IMPERATIVO

sii
sia

siamo
siate
síano

Conjugated with **essere.**

OBSERVATIONS: The following are archaic forms of **èssere,** still occasionally used in poetry: **semo** for **siamo, sete** for **siete, enno** for **sono,** era for **ero, fia** for **sarà, foro** and **furo** for **fúrono, saría** for **sarei, fora** for **sarebbe, saríano** for **sarèbbero, sendo** for **essendo, síeno** for **síano, suto** instead of **stato.** The future and conditional appear also with the root vowel changed to **e** (io serò. etc.).

1. When **voi** is used as a singular form of address, the agreement of the past participle is naturally singular.

17

INFINITO

PRESENTE   avere (to have)   PASSATO   avere avuto

PARTICIPIO

PRESENTE   avente[1]   PASSATO   avuto

GERUNDIO

PRESENTE   avendo   PASSATO   avendo avuto

INDICATIVO

PRESENTE
io ho
tu hai
egli ha
noi abbiamo
voi avete
essi hanno

PASSATO PROSSIMO
io ho avuto
tu hai avuto
egli ha avuto
noi abbiamo avuto
voi avete avuto
essi hanno avuto

IMPERFETTO
io avevo
tu avevi
egli aveva
noi avevamo
voi avevate
essi avévano

TRAPASSATO PROSSIMO
io avevo avuto
tu avevi avuto
egli aveva avuto
noi avevamo avuto
voi avevate avuto
essi avévano avuto

PASSATO REMOTO
io ebbi
tu avesti
egli ebbe
noi avemmo
voi aveste
essi èbbero

TRAPASSATO REMOTO
io ebbi avuto
tu avesti avuto
egli ebbe avuto
noi avemmo avuto
voi aveste avuto
essi èbbero avuto

FUTURO SEMPLICE[2]
io avrò
tu avrai
egli avrà
noi avremo
voi avrete
essi avranno

FUTURO COMPOSTO
io avrò avuto
tu avrai avuto
egli avrà avuto
noi avremo avuto
voi avrete avuto
essi avranno avuto

18

CONGIUNTIVO

PRESENTE	PASSATO
che io abbia	che io abbia avuto
che tu abbia	che tu abbia avuto
ch'egli abbia	ch'egli abbia avuto
che noi abbiamo	che noi abbiamo avuto
che voi abbiate	che voi abbiate avuto
ch'essi ábbiano	ch'essi abbiano avuto

IMPERFETTO	TRAPASSATO
che io avessi	che io avessi avuto
che tu avessi	che tu avessi avuto
ch'egli avesse	ch'egli avesse avuto
che noi avéssimo	che noi avéssimo avuto
che voi aveste	che voi aveste avuto
ch'essi avéssero	ch'essi avéssero avuto

CONDIZIONALE

PRESENTE[2]	PASSATO
io avrei	io avrei avuto
tu avresti	tu avresti avuto
egli avrebbe	egli avrebbe avuto
noi avremmo	noi avremmo avuto
voi avreste	voi avreste avuto
essi avrèbbero	essi avrèbbero avuto

IMPERATIVO

abbi	abbiamo
abbia	abbiate
	ábbiano

OBSERVATIONS: Archaic forms of avere: aggio for ho, aggia for abbia, ággiano for ábbiano, avemo for abbiamo, avría for avrei, avríano for avrèbbero, èbbeno for èbbero, aveva for avevo.

---

1. Alternate form: abbiente. used as an adjective or noun.
2. Contracted infinitive.

19

INFINITO

PRESENTE   parlare   (to speak)   PASSATO   avere parlato

PARTICIPIO

PRESENTE   parlante   PASSATO   parlato

GERUNDIO

PRESENTE   parlando   PASSATO   avendo parlato

INDICATIVO

PRESENTE
io parlo
tu parli
egli parla
noi parliamo
voi parlate
essi párlano

PASSATO PROSSIMO
io ho parlato
tu hai parlato
egli ha parlato
noi abbiamo parlato
voi avete parlato
essi hanno parlato

IMPERFETTO
io parlavo
tu parlavi
egli parlava
noi parlavamo
voi parlavate
essi parlávano

TRAPASSATO PROSSIMO
io avevo parlato
tu avevi parlato
egli aveva parlato
noi avevamo parlato
voi avevate parlato
essi avévano parlato

PASSATO REMOTO
io parlai
tu parlasti
egli parlò
noi parlammo
voi parlaste
essi parlárono

TRAPASSATO REMOTO
io ebbi parlato
tu avesti parlato
egli ebbe parlato
noi avemmo parlato
voi aveste parlato
essi èbbero parlato

FUTURO SEMPLICE
io parlerò
tu parlerai
egli parlerà
noi parleremo
voi parlerete
essi parleranno

FUTURO COMPOSTO
io avrò parlato
tu avrai parlato
egli avrà parlato
noi avremo parlato
voi avrete parlato
essi avranno parlato

CONGIUNTIVO

PRESENTE
che io parli
che tu parli
ch'egli parli
che noi parliamo
che voi parliate
ch'essi párlino

PASSATO
che io abbia parlato
che tu abbia parlato
ch'egli abbia parlato
che noi abbiamo parlato
che voi abbiate parlato
ch'essi ábbiano parlato

IMPERFETTO
che io parlassi
che tu parlassi
ch'egli parlasse
che noi parlássimo
che voi parlaste
ch'essi parlássero

TRAPASSATO
che io avessi parlato
che tu avessi parlato
ch'egli avesse parlato
che noi avéssimo parlato
che voi aveste parlato
ch'essi avéssero parlato

CONDIZIONALE

PRESENTE
io parlerei
tu parleresti
egli parlerebbe
noi parleremmo
voi parlereste
essi parlerèbbero

PASSATO
io avrei parlato
tu avresti parlato
egli avrebbe parlato
noi avremmo parlato
voi avreste parlato
essi avrèbbero parlato

IMPERATIVO

parla
parli

parliamo
parlate
párlino

OBSERVATIONS: All verbs ending in -are, with the exception of andare, dare, fare, stare, are regular.

Special attention must be paid to verbs ending in -care, -gare, -ciare, and -giare. For verbs in -care and -gare an h must be inserted after the c or g everytime when an i or an e would immediately follow the c or g. This is done to preserve the guttural sound of the c or g (preg-h-i, preg-h-iamo). In verbs ending in -ciare, or -giare the i is dropped whenever the ending begins with an i or an e (bac-iamo, bac-erò). This too is due to phonetic reasons since the i of the ending serves merely to mark the pronunciation of the c or g as soft.

Verbs ending in -gliare drop the i before a following i (tu consigl-i).

21

Verbs ending in -**iare** preserve the **i** whenever the accent falls on that **i** (io invi-**o,** tu invi-**i,** but noi inv-**iamo**). If the accent does not fall on the **i,** the **i** must still be preserved in those cases where ambiguity would otherwise arise (to distinguish tu **odii** from the verb **odiare.** for instance, from tu **odi** from the verb **udire**).

As far as the diphthongs **ie** and **uo** are concerned, first conjugation verbs follow the infinitive form in the case of **ie** (**vietare** preserves the **ie** throughout its whole conjugation; **pregare** never diphthongizes). The general rule regulating **uo** is that the diphthong is preserved wherever it occurs in a stressed syllable or in open position (**io suono. tu suoni, egli suona,** but **noi soniamo, voi sonate, io sonavo,** etc.) but this use is not constant. Alternate forms **io gioco, io giuoco, io sonavo, io suonavo,** are therefore frequent.

INFINITO

PRESENTE   crédere (to believe)   PASSATO   avere creduto

PARTICIPIO

PRESENTE   credente   PASSATO   creduto

GERUNDIO

PRESENTE   credendo

INDICATIVO [1]

PRESENTE

io credo
tu credi
egli crede
noi crediamo
voi credete
essi crédono

PASSATO REMOTO[2]

io credei
tu credesti
egli credé
noi credemmo
voi credeste
essi credérono

IMPERFETTO

io credevo
tu credevi
egli credeva
noi credevamo
voi credevate
essi credévano

FUTURO

io crederò
tu crederai
egli crederà
noi crederemo
voi crederete
essi crederanno

CONGIUNTIVO

PRESENTE

che io creda
che tu creda
ch'egli creda
che noi crediamo
che voi crediate
ch'essi crédano

IMPERFETTO

che io credessi
che tu credessi
ch'egli credesse
che noi credéssimo
che voi credeste
ch'essi credéssero

CONDIZIONALE

PRESENTE

io crederei
tu crederesti
egli crederebbe

noi crederemmo
voi credereste
essi crederèbbero

IMPERATIVO

credi   crediamo
creda   credete
                               crédano

OBSERVATIONS: Verbs ending in -cere and -gere insert an i
before the u of the past participle (piac-i-uto) in order to preserve
the palatal sound of the c or g. No i is inserted before endings
beginning with a or o, and the pronunciation of the c or g accor-
dingly becomes guttural (io porg-o). This applies only to regular
verbs of the second conjugation and we have seen that they are
rare.

As far as the diphthongs ie and uo are concerned, we must
distinguish between those second conjugation verbs where the
accent falls on the antepenult and those where it falls on the
penult. The diphthong may already be present in the accented
syllable of the infinitive (muóvere). In such a case, the uo becomes
o everytime that during the conjugation it occurs in un unaccented
syllable, or in an accented syllable but in closed position (io
muovo, tu muovi, egli muove, noi moviamo, voi movete, essi
muòvono). But in io nocqui, tu nocesti, egli nocque, noi nocemmo,
voi noceste, essi nòcquero the diphthong of the infinitive disappears
because it would occur either in an unaccented syllable, i.e., in the
regular forms, or in closed position, i. e., the irregular forms.
On the other hand the diphthong may not appear in the infinitive
(possedere, tenere). In these cases the diphthong will appear everytime that the e will be in an accented syllable and in open
position (io possiedo, tu possiedi, egli possiede, noi possediamo,
voi possedete, essi possièdono). The phenomenon of diphthongization
plays an important part in irregular verbs of the second conjugation.

---

1. Since the compound tenses are always formed in the same way,
   it is unnecessary to give them in full for all verbs. Follow the
   same arrangement of auxiliary verb with past participle, as
   shown for parlare.
2. Alternate forms: io credetti, egli credette, essi credèttero.

INFINITO

PRESENTE sentire (to hear, to feel)   PASSATO avere sentito

PARTICIPIO

PRESENTE sentente   PASSATO sentito

GERUNDIO

PRESENTE sentendo

INDICATIVO

PRESENTE
io sento
tu senti
egli sente
noi sentiamo
voi sentite
essi sèntono

PASSATO REMOTO
io sentii
tu sentisti
egli sentì
noi sentimmo
voi sentiste
essi sentírono

IMPERFETTO
io sentivo
tu sentivi
egli sentiva
noi sentivamo
voi sentivate
essi sentívano

FUTURO
io sentirò
tu sentirai
egli sentirà
noi sentiremo
voi sentirete
essi sentiranno

CONGIUNTIVO

PRESENTE
che io senta
che tu senta
ch'egli senta
che noi sentiamo
che voi sentiate
ch'essi sèntano

IMPERFETTO
che io sentissi
che tu sentissi
ch'egli sentisse
che noi sentíssimo
che voi sentiste
ch'essi sentíssero

CONDIZIONALE

PRESENTE
io sentirei
tu sentiresti
egli sentirebbe

noi sentiremmo
voi sentireste
essi sentirèbbero

25

IMPERATIVO

senti	sentiamo
senta	sentite
	sèntano

NOTE: The majority of third conjugation verbs insert the suffix -isc before the ending in all persons of the singular and the third plural of the present indicative, and consequently in the corresponding persons of the present subjunctive and the imperative. This is especially true of third conjugation verbs whose stem ends in c or g. The insertion of -isc avoids the juxtaposition of c or g with a or u with consequent change in pronunciation.

INFINITO

PRESENTE finire (to finish)   PASSATO avere finito

PARTICIPIO

PRESENTE finente   PASSATO finito

GERUNDIO

PRESENTE finendo

INDICATIVO

PRESENTE

io finisco	noi finiamo
tu finisci	voi finite
egli finisce	essi finiscono

CONGIUNTIVO

PRESENTE

che io finisca	che noi finiamo
che tu finisca	che voi finiate
ch'egli finisca	ch'essi finiscano

IMPERATIVO

finisci	finiamo
finisca	finite
	finiscano

INFINITO

PRESENTE   andare (to go)   PASSATO   essere andato

PARTICIPIO

PRESENTE   andante   PASSATO   andato

GERUNDIO

PRESENTE   andando

INDICATIVO

PRESENTE

io vado
tu vai
egli va
noi andiamo
voi andate
essi vanno

PASSATO REMOTO

io andai
tu andasti
egli andò
noi andammo
voi andaste
essi andárono

IMPERFETTO

io andavo
tu andavi
egli andava
noi andavamo
voi andavate
essi andávano

FUTURO[1]

io andrò
tu andrai
egli andrà
noi andremo
voi andrete
essi andranno

CONGIUNTIVO

PRESENTE

che io vada
che tu vada
ch'egli vada
che noi andiamo
che voi andiate
ch'essi vádano

IMPERFETTO

che io andassi
che tu andassi
ch'egli andasse
che noi andássimo
che voi andaste
ch'essi andássero

CONDIZIONALE

PRESENTE[1]

io andrei
tu andresti
egli andrebbe

noi andremmo
voi andreste
essi andrèbbero

IMPERATIVO

va'
vada

andiamo
andate
vádano

Conjugated with èssere.

1. Contracted infinitive.

27

INFINITO

PRESENTE dare (to give)   PASSATO avere dato

PARTICIPIO

PRESENTE dante   PASSATO dato

GERUNDIO

PRESENTE dando

INDICATIVO

PRESENTE	PASSATO REMOTO[1]
io do	io diedi
tu dai	tu desti
egli dà	egli diede
noi diamo	noi demmo
voi date	voi deste
essi danno	essi dièdero

IMPERFETTO	FUTURO[2]
io davo	io darò
tu davi	tu darai
egli dava	egli darà
noi davamo	noi daremo
voi davate	voi darete
essi dávano	essi daranno

CONGIUNTIVO

PRESENTE	IMPERFETTO
che io dia	che io dessi
che tu dia	che tu dessi
ch'egli dia	ch'egli desse
che noi diamo	che noi déssimo
che voi diate	che voi deste
ch'essi díano	ch'essi déssero

CONDIZIONALE

PRESENTE[2]	
io darei	noi daremmo
tu daresti	voi dareste
egli darebbe	essi darèbbero

IMPERATIVO

da'	diamo
dia	date
	díano

---

1. Alternate forms: io detti, egli dette, essi dèttero.
2. Observe that the **a** of the infinitive ending does not change
to **o** as it normally does in verbs of the first conjugation.

INFINITO

PRESENTE   fare[1] (from   PASSATO   avere fatto
facere) (to make, to do)

PARTICIPIO

PRESENTE   facente   PASSATO   fatto

GERUNDIO

PRESENTE   facendo

INDICATIVO

PRESENTE[2]   PASSATO REMOTO
io faccio   io feci
tu fai   tu facesti
egli fa   egli fece
noi facciamo   noi facemmo
voi fate   voi faceste
essi fanno   essi fécero

IMPERFETTO   FUTURO[3]
io facevo   io farò
tu facevi   tu farai
egli faceva   egli farà
noi facevamo   noi faremo
voi facevate   voi farete
essi facévano   essi faranno

CONGIUNTIVO

PRESENTE   IMPERFETTO
che io faccia   che io facessi
che tu faccia   che tu facessi
ch'egli faccia   ch'egli facesse
che noi facciamo   che noi facéssimo
che voi facciate   che voi faceste
ch'essi fácciano   ch'essi facéssero

CONDIZIONALE

PRESENTE[3]
io farei   noi faremmo
tu faresti   voi fareste
egli farebbe   essi farèbbero

IMPERATIVO

fa'   facciamo
faccia   fate
                                               fácciano

1. The original infinitive **facere** appears in the regular forms of
the verb; **fare** might therefore be considered a second conjugation verb.
2. Alternate form: io **fo**.
3. Observe that the **a** of the infinitive ending does not change
to **e** as it normally does in verbs of the first conjugation.

INFINITO

PRESENTE stare (to be)   PASSATO essere stato

PARTICIPIO

PRESENTE stante   PASSATO stato

GERUNDIO

PRESENTE stando

INDICATIVO

PRESENTE   PASSATO REMOTO
  io sto   io stetti
  tu stai   tu stesti
  egli sta   egli stette
  noi stiamo   noi stemmo
  voi state   voi steste
  essi stanno   essi stèttero

IMPERFETTO   FUTURO[1]
  io stavo   io starò
  tu stavi   tu starai
  egli stava   egli starà
  noi stavamo   noi staremo
  voi stavate   voi starete
  essi stávano   essi staranno

CONGIUNTIVO

PRESENTE   IMPERFETTO
  che io stia   che io stessi
  che tu stia   che tu stessi
  ch'egli stia   ch'egli stesse
  che noi stiamo   che noi stessimo
  che voi stiate   che voi steste
  ch'essi stíano   ch'essi stéssero

CONDIZIONALE

PRESENTE[1]
  io starei   noi staremmo
  tu staresti   voi stareste
  egli starebbe   essi starèbbero

IMPERATIVO

sta'   stiamo
stia   state
                                        stiano

Conjugated with èssere.

1. Observe that the **a** of the infinitive ending does not change to **e** as it normally does in verbs of the first conjugation.

The irregular verbs of the second conjugation have been divided into three groups: those whose accent falls on the penult (I), those where it falls on the antepenult (II), and those which are irregular only in the past absolute and the past participle (III).

INFINITO

PRESENTE cadere (to fall)   PASSATO essere caduto

PARTICIPIO

PRESENTE cadente   PASSATO caduto

GERUNDIO

PRESENTE cadendo

INDICATIVO

PRESENTE
io cado
tu cadi
egli cade
noi cadiamo
voi cadete
essi cádono

IMPERFETTO
io cadevo
tu cadevi
egli cadeva
noi cadevamo
voi cadevate
essi cadévano

PASSATO REMOTO
io caddi
tu cadesti
egli cadde
noi cademmo
voi cadeste
essi cáddero

FUTURO[1]
io cadrò
tu cadrai
egli cadrà
noi cadremo
voi cadrete
essi cádranno

CONGIUNTIVO

PRESENTE
che io cada
che tu cada
ch'egli cada
che noi cadiamo
che voi cadiate
ch'essi cádano

IMPERFETTO
che io cadessi
che tu cadessi
ch'egli cadesse
che noi cadéssimo
che voi cadeste
ch'essi cadéssero

CONDIZIONALE

PRESENTE[1]
cadrei
cadresti
cadrebbe

cadremmo
cadreste
cadrèbbero

IMPERATIVO

cadi
cada

cadiamo
cadete
cádano

Conjugated with èssere.

1. Contracted infinitive.

31

INFINITO

PRESENTE (dolere) dolersi (to grieve) PASSATO essersi doluto

PARTICIPIO

PRESENTE dolèntesi   PASSATO dolútosi

GERUNDIO

PRESENTE dolèndosi

INDICATIVO

PRESENTE[1]	PASSATO REMOTO
io mi dolgo	io mi dolsi
tu ti duoli	tu ti dolesti
egli si duole	egli si dolse
noi ci dogliamo	noi ci dolemmo
voi vi dolete	voi vi doleste
essi si dòlgono	essi si dòlsero

IMPERFETTO	FUTURO[2]
io mi dolevo	io mi dorrò
tu ti dolevi	tu ti dorrai
egli si doleva	egli si dorrà
noi ci dolevamo	noi ci dorremo
voi vi dolevate	voi vi dorrete
essi si dolévano	essi si dorranno

CONGIUNTIVO

PRESENTE[3]	IMPERFETTO
che io mi dolga	che io mi dolessi
che tu ti dolga	che tu ti dolessi
ch'egli si dolga	ch'egli si dolesse
che noi ci dogliamo	che noi ci doléssimo
che voi vi dogliate	che voi vi doleste
ch'essi si dòlgano	ch'essi si doléssero

CONDIZIONALE

PRESENTE[2]	
io mi dorrei	noi ci dorremmo
tu ti dorresti	voi vi dorreste
egli si dorrebbe	essi si dorrèbbero

IMPERATIVO[4]

duóliti	dogliámoci
si dolga	dolétevi
	si dòlgano

Reflexive verbs are always conjugated with èssere.

1. Alternate form: noi ci doliamo
2. Contracted infinitive.
3. Alternate forms: noi ci doliamo, voi vi doliate.
4. Alternate form: doliámoci.

INFINITO

PRESENTE dovere (to be   PASSATO avere dovuto
obliged, to have to)

PARTICIPIO

PRESENTE (missing)   PASSATO dovuto

GERUNDIO

PRESENTE dovendo

INDICATIVO

PRESENTE[1]   PASSATO REMOTO[2]
  io devo   io dovei
  tu devi   tu dovesti
  egli deve   egli dové
  noi dobbiamo   noi dovemmo
  voi dovete   voi doveste
  essi dèvono   essi dovérono

IMPERFETTO   FUTURO[3]
  io dovevo   io dovrò
  tu dovevi   tu dovrai
  egli doveva   egli dovrà
  noi dovevamo   noi dovremo
  voi dovevate   voi dovrete
  essi dovévano   essi dovranno

CONGIUNTIVO

PRESENTE[4]   IMPERFETTO
  che io deva   che io dovessi
  che tu deva   che tu dovessi
  ch'egli deva   ch'egli dovesse
  che noi dobbiamo   che noi dovéssimo
  che voi dobbiate   che voi doveste
  ch'essi dèvano   ch'essi dovéssero

CONDIZIONALE

PRESENTE[3]
  io dovrei   noi dovremmo
  tu dovresti   voi dovreste
  egli dovrebbe   essi dovrèbbero

Conjugated with **avere** when used in absolute form, otherwise

33

when accompanied by a verb in the infinitive it takes the auxiliary which this verb would take.

OBSERVATIONS: Archaic forms: **io deggio, essi dèggiano** in the present indicative, **che io deggia** through **che essi dèggiano** in the present subjunctive.

The Latin infinitive is **debere;** hence the forms with **e** as a root vowel.

1. Alternate forms: io debbo, tu dei, essi dèbbono.
2. Alternate forms: io dovetti, egli dovette, essi dovèttero.
3. Contracted infinitive.
4. Alternate forms: che io debba, che tu debba, ch'egli debba, ch'essi dèbbano.

34

INFINITO

PRESENTE parere (to appear, to seem) PASSATO essere parso

PARTICIPIO

PRESENTE parente   PASSATO parso

GERUNDIO

PRESENTE parendo

INDICATIVO

PRESENTE[1]

io paio
tu pari
egli pare
noi paiamo
voi parete
essi páiono

PASSATO REMOTO[2]

io parvi
tu paresti
egli parve
noi paremmo
voi pareste
essi párvero

IMPERFETTO

io parevo
tu parevi
egli pareva
noi parevamo
voi parevate
essi parévano

FUTURO[3]

io parrò
tu parrai
egli parrà
noi parremo
voi parrete
essi parranno

CONGIUNTIVO

PRESENTE[4]

che io paia
che tu paia
ch'egli paia
che noi paiamo
che voi paiate
ch'essi páiano

IMPERFETTO

che io paressi
che tu paressi
ch'egli paresse
che noi paréssimo
che voi pareste
ch'essi paréssero

CONDIZIONALE

PRESENTE[3]

io parrei
tu parresti
egli parrebbe

noi parremmo
voi parreste
essi parrèbbero

IMPERATIVO

pari
paia

paiamo
parete
páiano

Conjugated with èssere.

1. Alternate form: noi pariamo.
2. Alternate forms: io parsi, egli parse, essi pársero.
3. Contracted infinitive.
4. Alternate forms: che noi pariamo, che voi pariate.

35

INFINITO

PRESENTE   piacere (to please)   PASSATO   essere piaciuto

PARTICIPIO

PRESENTE   piacente   PASSATO   piaciuto

GERUNDIO

PRESENTE   piacendo

INDICATIVO

PRESENTE[1]
io piaccio
tu piaci
egli piace
noi piacciamo
voi piacete
essi piácciono

PASSATO REMOTO
io piacqui
tu piacesti
egli piacque
noi piacemmo
voi piaceste
essi piácquero

IMPERFETTO
io piacevo
tu piacevi
egli piaceva
noi piacevamo
voi piacevate
essi piacévano

FUTURO
io piacerò
tu piacerai
egli piacerà
noi piaceremo
voi piacerete
essi piaceranno

CONGIUNTIVO

PRESENTE[2]
che io piaccia
che tu piaccia
ch'egli piaccia
che noi piacciamo
che voi piacciate
ch'essi piácciano

IMPERFETTO
che io piacessi
che tu piacessi
ch'egli piacesse
che noi piacéssimo
che voi piaceste
ch'essi piacéssero

CONDIZIONALE

PRESENTE
io piacerei
tu piaceresti
egli piacerebbe

noi piaceremmo
voi piacereste
essi piacerèbbero

IMPERATIVO

piaci
piaccia

piacciamo
piacete
piácciano

Conjugated with **èssere**.

---

1. Alternate form: noi **piaciamo**.
2. Alternate forms: che noi **piaciamo**, che voi **piaciate**.

36

INFINITO

PRESENTE potere (to be able)   PASSATO avere potuto

PARTICIPIO

PRESENTE potente   PASSATO potuto

GERUNDIO

PRESENTE potendo

INDICATIVO

PRESENTE

io posso
tu puoi
egli può
noi possiamo
voi potete
essi pòssono

PASSATO REMOTO

io potei
tu potesti
egli poté
noi potemmo
voi poteste
essi potérono

IMPERFETTO

io potevo
tu potevi
egli poteva
noi potevamo
voi potevate
essi potévano

FUTURO[1]

io potrò
tu potrai
egli potrà
noi potremo
voi potrete
essi potranno

CONGIUNTIVO

PRESENTE

che io possa
che tu possa
ch'egli possa
che noi possiamo
che voi possiate
ch'essi pòssano

IMPERFETTO

che io potessi
che tu potessi
ch'egli potesse
che noi potéssimo
che voi poteste
ch'essi potéssero

CONDIZIONALE

PRESENTE[1]

io potrei
tu protesti
egli potrebbe

noi potremmo
voi potreste
essi potrèbbero

Conjugated with èssere and avere. See dovere.

1. Contracted infinitive.

INFINITO

PRESENTE   rimanere (to remain)   PASSATO   essere rimasto

PARTICIPIO

PRESENTE   rimanente   PASSATO   rimasto

GERUNDIO

PRESENTE   rimanendo

INDICATIVO

PRESENTE
 io rimango
 tu rimani
 egli rimane
 noi rimaniamo
 voi rimanete
 essi rimángono

PASSATO REMOTO
 io rimasi
 tu rimanesti
 egli rimase
 noi rimanemmo
 voi rimaneste
 essi rimásero

IMPERFETTO
 io rimanevo
 tu rimanevi
 egli rimaneva
 noi rimanevamo
 voi rimanevate
 essi rimanévano

FUTURO[1]
 io rimarrò
 tu rimarrai
 egli rimarrà
 noi rimarremo
 voi rimarrete
 essi rimarranno

CONGIUNTIVO

PRESENTE
 che io rimanga
 che tu rimanga
 ch'egli rimanga
 che noi rimaniamo
 che voi rimaniate
 ch'essi rimángano

IMPERFETTO
 che io rimanessi
 che tu rimanessi
 ch'egli rimanesse
 che noi rimanéssimo
 che voi rimaneste
 ch'essi rimanéssero

CONDIZIONALE

PRESENTE[1]
 io rimarrei
 tu rimarresti
 egli rimarrebbe

 noi rimarremmo
 voi rimarreste
 essi rimarrèbbero

IMPERATIVO

rimani
rimanga

rimaniamo
rimanete
rimángano

Conjugated with èssere.

1. Contracted infinitive.

38

INFINITO

PRESENTE   sapere (to know)   PASSATO   avere saputo

PARTICIPIO

PRESENTE   sapiente   PASSATO   saputo

GERUNDIO

PRESENTE   sapendo

INDICATIVO

PRESENTE	PASSATO REMOTO
io so	io seppi
tu sai	tu sapesti
egli sa	egli seppe
noi sappiamo	noi sapemmo
voi sapete	voi sapeste
essi sanno	essi sèppero

IMPERFETTO	FUTURO[1]
io sapevo	io saprò
tu sapevi	tu saprai
egli sapeva	egli saprà
noi sapevamo	noi sapremo
voi sapevate	voi saprete
essi sapévano	essi sapranno

CONGIUNTIVO

PRESENTE	IMPERFETTO
che io sappia	che io sapessi
che tu sappia	che tu sapessi
ch'egli sappia	ch'egli sapesse
che noi sappiamo	che noi sapéssimo
che voi sappiate	che voi sapeste
ch'essi sáppiano	ch'essi sapéssero

CONDIZIONALE

PRESENTE[1]	
io saprei	noi sapremmo
tu sapresti	voi sapreste
egli saprebbe	essi saprèbbero

IMPERATIVO

sappi	sappiamo
sappia	sappiate
	sáppiano

---

1. Contracted infinitive.

INFINITO

PRESENTE   sedere (sedersi)   PASSATO avere (essersi) seduto
(to sit)

PARTICIPIO

PRESENTE sedente   PASSATO   seduto

GERUNDIO

PRESENTE sedendo

INDICATIVO

PRESENTE[1]

io siedo
tu siedi
egli siede
noi sediamo
voi sedete
essi sièdono

PASSATO REMOTO[4]

io sedei
tu sedesti
egli sedé
noi sedemmo
voi sedeste
essi sedérono

IMPERFETTO

io sedevo
tu sedevi
egli sedeva
noi sedevamo
voi sedevate
essi sedévano

FUTURO[5]

io sederò
tu sederai
egli sederà
noi sederemo
voi sederete
essi sederanno

CONGIUNTIVO

PRESENTE[2]

che io sieda
che tu sieda
ch'egli sieda
che noi sediamo
che voi sediate
ch'essi sièdano

IMPERFETTO

che io sedessi
che tu sedessi
ch'egli sedesse
che noi sedéssimo
che voi sedeste
ch'essi sedéssero

CONDIZIONALE

PRESENTE[5]

io sederei
tu sederesti
egli sederebbe

noi sederemmo
voi sedereste
essi sederèbbero

IMPERATIVO[3]

siedi	sediamo
sieda	sedete
	sièdano

In the compound tenses the reflexive form, conjugated with èssere, is normally used.

---

1. Alternate forms: io seggo, essi sèggono.
2. Alternate forms: che io segga, che tu segga, ch'egli segga, ch'essi sèggano.
3. Alternate forms: segga, sèggano.
4. Alternate forms: io sedetti, egli sedette, essi sedèttero.
5. Alternate forms: the tense may also be conjugated with the diphthongized root: io siederò, etc.

INFINITO

PRESENTE tenere (to hold)   PASSATO avere tenuto

PARTICIPIO

PRESENTE tenente   PASSATO tenuto

GERUNDIO

PRESENTE tenendo

INDICATIVO

PRESENTE	PASSATO REMOTO
io tengo	io tenni
tu tieni	tu tenesti
egli tiene	egli tenne
noi teniamo	noi tenemmo
voi tenete	voi teneste
essi tèngono	essi ténnero

IMPERFETTO	FUTURO[1]
io tenevo	io terrò
tu tenevi	tu terrai
egli teneva	egli terrà
noi tenevamo	noi terremo
voi tenevate	voi terrete
essi tenévano	essi terranno

CONGIUNTIVO

PRESENTE	IMPERFETTO
che io tenga	che io tenessi
che tu tenga	che tu tenessi
ch'egli tenga	ch'egli tenesse
che noi teniamo	che noi tenéssimo
che voi teniate	che voi teneste
ch'essi tèngano	ch'essi tenéssero

CONDIZIONALE

PRESENTE[1]	
io terrei	noi terremmo
tu terresti	voi terreste
egli terrebbe	essi terrèbbero

IMPERATIVO

tieni	teniamo
tenga	tenete
	tèngano

1. Contracted infinitive.

INFINITO

PRESENTE   valere (to be worth)   PASSATO   essere valutr

PARTICIPIO

PRESENTE   valente   PASSATO   valuto

GERUNDIO

PRESENTE   valendo

INDICATIVO

PRESENTE
io valgo
tu vali
eegli vale
noi valiamo
voi valete
essi válgono

PASSATO REMOTO
io valsi
tu valesti
egli valse
noi valemmo
voi valeste
essi válsero

IMPERFETTO
io valevo
tu valevi
egli valeva
noi valevamo
voi valevate
essi valévano

FUTURO[1]
io varrò
tu varrai
egli varrà
noi varremo
voi varrete
eessi varranno

CONGIUNTIVO

PRESENTE
che io valga
che tu valga
ch'egli valga
che noi valiamo
che voi valiate
ch'essi válgano

IMPERFETTO
che io valessi
che tu valessi
ch'egli valesse
che noi valéssimo
che voi valeste
ch'essi valéssero

CONDIZIONALE

PRESENTE[1]
io varrei
tu varresti
egli varrebbe

noi varremmo
voi varreste
essi varrèbbero

IMPERATIVO

vali
valga

vagliamo
valete
válgano

Conjugated with èssere, very seldom with avere.

1. Contracted infinitive.

43

INFINITO

PRESENTE   vedere (to see)   PASSATO   avere veduto, visto

PARTICIPIO

PRESENTE   vedente   PASSATO   veduto, visto

GERUNDIO

PRESENTE   vedendo

INDICATIVO

PRESENTE[1]	PASSATO REMOTO
io vedo	io vidi
tu vedi	tu vedesti
egli vede	egli vide
noi vediamo	noi vedémmo
voi vedete	voi vedeste
essi védono	essi vídero

IMPERFETTO	FUTURO[2]
io vedevo	io vedrò
tu vedevi	tu vedrai
egli vedeva	egli vedrà
noi vedevamo	noi vedremo
voi vedevate	voi vedrete
essi vedévano	eessi vedranno

CONGIUNTIVO

PRESENTE[3]	IMPERFETTO
che io veda	che io vedessi
che tu veda	che tu vedessi
ch'egli veda	ch'egli vedesse
che noi vediamo	che noi vedéssimo
che voi vediate	che voi vedeste
ch'essi védano	ch'essi vedéssero

CONDIZIONALE

PRESENTE[2]	
io vedrei	noi vedremmo
tu vedresti	voi vedreste
egli vedrebbe	essi vedrèbbero

IMPERATIVO

vedi	vediamo
veda	vedete
	védano

1. Alternate forms: io veggo, essi véggono.
2. Contracted infinitive.
3. Alternate forms: che io vegga, che tu vegga, ch'egli vegga, ch'essi véggano.

44

INFINITO

PRESENTE volere (to wish,   PASSATO avere voluto
to want)

PARTICIPIO

PRESENTE volente   PASSATO voluto

GERUNDIO

PRESENTE volendo

INDICATIVO

PRESENTE	PASSATO REMOTO
io voglio	io volli
tu vuoi	tu volesti
egli vuole	egli volle
noi vogliamo	noi volemmo
voi volete	voi voleste
essi vògliono	essi vòllero

IMPERFETTO	FUTURO[1]
io volevo	io vorrò
tu volevi	tu vorrai
egli voleva	egli vorrà
noi volevamo	noi vorremo
voi volevate	voi vorrete
essi volévano	essi vorranno

CONGIUNTIVO

PRESENTE	IMPERFETTO
che io voglia	che io volessi
che tu voglia	che tu volessi
ch'egli voglia	ch'egli volesse
che noi vogliamo	che noi voléssimo
che voi vogliate	che voi voleste
ch'essi vògliano	ch'essi voléssero

CONDIZIONALE

PRESENTE[1]	
io vorrei	noi vorremmo
tu vorresti	voi vorreste
egli vorrebbe	essi vorrèbbero

IMPERATIVO

vogli	vogliamo
voglia	vogliate
	vògliano

---

1. Contracted infinitive.

INFINITO

PRESENTE bere[1] (from   PASSATO avere bevuto
bévere) (to drink)

PARTICIPIO

PRESENTE bevente   PASSATO bevuto

GERUNDIO

PRESENTE bevendo

INDICATIVO

PRESENTE	PASSATO REMOTO[3]
io bevo	io bevvi
tu bevi	tu bevesti
egli beve	egli bevve
noi beviamo	noi bevemmo
voi bevete	voi beveste
eessi bévono	essi bévvero

IMPERFETTO	FUTURO[2]
io bevevo	io berrò
tu bevevi	tu berrai
egli beveva	egli berrà
noi bevevamo	noi berremo
voi bevevate	voi berrete
essi bevévano	essi berranno

CONGIUNTIVO

PRESENTE	IMPERFETTO
che io beva	che io bevessi
che tu beva	che tu bevessi
ch'egli beva	ch'egli bevesse
che noi beviamo	che noi bevéssimo
che voi beviate	che voi beveste
ch'essi bévano	ch'essi bevéssero

CONDIZIONALE

PRESENTE[2]

io berrei	noi berremmo
tu berresti	voi berreste
egli berrebbe	essi berrèbbero

IMPERATIVO

bevi	beviamo
beva	bevete
	bévano

1. The infinitive **bévere** appears throughout, except for the contraction in the future and present conditional, and the irregular forms of the past absolute. Keeping the original infinitive in mind, the verb could be considered almost regular.
2. Contracted infinitive. The regular form bevrò, etc., also appears.
3. Alternate forms: io bevei, io **bevetti**, egli bevé, egli **bevette**, essi bevérono, essi bevèttero.

INFINITO

PRESENTE condurre[1] (from   PASSATO   avere condotto
conducere) (to lead)

PARTICIPIO

PRESENTE   conducente   PASSATO   condotto

GERUNDIO

PRESENTE   conducendo

INDICATIVO

PRESENTE

io conduco
tu conduci
egli conduce
noi conduciamo
voi conducete
essi condúcono

PASSATE REMOTO

io condussi
tu conducesti
egli condusse
noi conducemmo
voi conduceste
essi condússero

IMPERFETTO

io conducevo
tu conducevi
egli conduceva
noi conducevamo
voi conducevate
essi conducévano

FUTURO[2]

io condurrò
tu condurrai
egli condurrà
noi condurremo
voi condurrete
essi condurranno

CONGIUNTIVO

PRESENTE

che io conduca
che tu conduca
ch'egli conduca
che noi conduciamo
che voi conduciate
ch'essi condúcano

IMPERFETTO

che io conducessi
che tu conducessi
ch'egli conducesse
che noi conducéssimo
che voi conduceste
ch'essi conducéssero

CONDIZIONALE

PRESENTE[2]

io condurrei
tu condurresti
egli condurrebbe

noi condurremmo
voi condurreste
essi condurrèbbero

48

IMPERATIVO

conduci   conduciamo
conduca   conducete
                        conducano

1. The infinitive **condúcere** appears throughout, except for the contraction in the future and present conditional, and the irregular forms of the past absolute. Keeping this in mind, the verb belongs to that class of second conjugation verbs which are irregular only in the past participle and the past absolute.
2. Contracted infinitive.

INFINITO

PRESENTE cuòcere[1] (to cook) PASSATO avere cotto

PARTICIPIO

PRESENTE cocente PASSATO cotto

GERUNDIO

PRESENTE cuocendo (cocendo)

INDICATIVO

PRESENTE
- io cuocio
- tu cuoci
- egli cuoce
- noi cociamo
- voi cocete
- essi cuòciono

PASSATO REMOTO
- io cossi
- tu cocesti
- egli cosse
- noi cocemmo
- voi coceste
- essi còssero

IMPERFETTO
- io cuocevo
- tu cuocevi
- egli cuoceva
- noi cuocevamo
- voi cuocevate
- essi cuocévano

FUTURO
- io cocerò
- tu cocerai
- egli cocerà
- noi coceremo
- voi cocerete
- essi coceranno

CONGIUNTIVO

PRESENTE
- che io cuocia
- che tu cuocia
- ch'egli cuocia
- che noi cuociamo
- che voi cuociate
- ch'essi cuòciano

IMPERFETTO
- che io cocessi
- che tu cocessi
- ch'egli cocesse
- che noi cocéssimo
- che voi coceste
- ch'essi cocéssero

CONDIZIONALE

PRESENTE
- io cocerei
- tu coceresti
- egli cocerebbe
- noi coceremmo
- voi cocereste
- essi cocerèbbero

IMPERATIVO
- cuoci
- cuocia
- cociamo
- cocete
- cuòciano

1. With the exception of the past absolute and the past participle, this verb's conjugation may be considered regular because alternate forms using the diphthong of the infinitive exist throughout. (i. e., future: io cuocerò, etc.).

INFINITO

PRESENTE   nuòcere (to harm)   PASSATO   avere nociuto

PARTICIPIO

PRESENTE   nocente   PASSATO   nociuto

GERUNDIO

PRESENTE   nocendo

INDICATIVO

PRESENTE
io noccio
tu nuoci
egli nuoce
noi nociamo
voi nocete
essi nòcciono

PASSATO REMOTO
io nocqui
tu nocesti
egli nocque
noi nocemmo
voi noceste
essi nòcquero

IMPERFETTO
io nocevo
tu nocevi
egli noceva
noi nocevamo
voi nocevate
essi nocévano

FUTURO
io nocerò
tu nocerai
egli nocerà
noi noceremo
voi nocerete
essi noceranno

CONGIUNTIVO

PRESENTE
che io noccia
che tu noccia
ch'egli noccia
che noi nociamo
che voi nociate
ch'essi nòcciano

IMPERFETTO
che io nocessi
che tu nocessi
ch'egli nocesse
che noi nocéssimo
che voi noceste
ch'essi nocéssero

CONDIZIONALE
PRESENTE
io nocerei
tu noceresti
egli nocerebbe

noi noceremmo
voi nocereste
essi nocerèbbero

51

IMPERATIVO

nuoci
noccia

nociamo
nocete
nòcciano

---

1. With the exception of the past absolute and the past participle this verb may be considered regular because alternate forms using the diphthong **uo** of the infinitive exist throughout. Other alternate forms are io nuoco, **essi** nuòcono in the present indicative and che io nuoca, che tu nuoca, ch'egli nuoca, ch'essi nuòcano in the present subjunctive where the palatal **c** is not preserved.

INFINITO

PRESENTE scégliere (to choose)   PASSATO avere scelto

PARTICIPIO

PRESENTE scegliente   PASSATO scelto

GERUNDIO

PRESENTE scegliendo

INDICATIVO

PRESENTE[1]
- io scelgo
- tu scegli
- egli sceglie
- noi scegliamo
- voi scegliete
- essi scélgono

PASSATO REMOTO
- io scelsi
- tu scegliesti
- egli scelse
- noi scegliemmo
- voi sceglieste
- essi scélsero

IMPERFETTO
- io sceglievo
- tu sceglievi
- egli sceglieva
- noi sceglievamo
- voi sceglievate
- essi scegliévano

FUTURO
- io sceglierò
- tu sceglierai
- egli sceglierà
- noi sceglieremo
- voi sceglierete
- essi sceglieranno

CONGIUNTIVO

PRESENTE[2]
- che io scelga
- che tu scelga
- ch'egli scelga
- che noi scegliamo
- che voi scegliate
- ch'essi scélgano

IMPERFETTO
- che io scegliessi
- che tu scegliessi
- ch'egli scegliesse
- che noi scegliéssimo
- che voi sceglieste
- ch'essi scegliéssero

CONDIZIONALE

PRESENTE
- io sceglierei
- tu sceglieresti
- egli sceglierebbe
- noi sceglieremmo
- voi scegliereste
- essi sceglierèbbero

IMPERATIVO

scegli
scelga

scegliamo
scegliete
scélgano

---

1. Alternate forms: io sceglio, essi scégliono.
2. Alternate forms: che io sceglia, che tu sceglia, ch'egli sceglia, ch'essi scégliano.

INFINITO

PRESENTE spègnere (spèngere)   PASSATO avere spento
(to put out, extinguish)

PARTICIPIO

PRESENTE spegnente   PASSATO spento

GERUNDIO

PRESENTE spegnendo

INDICATIVO

PRESENTE[1]

io spengo
tu spegni
egli spegne
noi spegniamo
voi spegnete
essi spèngono

PASSATO REMOTO

io spensi
tu spegnesti
egli spense
noi spegnemmo
voi spegneste
essi spènsero

IMPERFETTO

io spegnevo
tu spegnevi
egli spegneva
noi spegnevamo
voi spegnevate
essi spegnévano

FUTURO

io spegnerò
tu spegnerai
egli spegnerà
noi spegneremo
voi spegnerete
essi spegneranno

CONGIUNTIVO

PRESENTE[2]

che io spenga
che tu spenga
ch'egli spenga
che noi spegniamo
che voi spegniate
ch'essi spèngano

IMPERFETTO

che io spegnessi
che tu spegnessi
ch'egli spegnesse
che noi spegnéssimo
che voi spegneste
ch'essi spegnéssero

CONDIZIÒNALE

PRESENTE

io spegnerei
tu spegneresti
egli spegnerebbe

noi spegneremmo
voi spegnereste
essi spegnerèbbero

IMPERATIVO[3]

spegni
spenga

spegniamo
spegnete
spèngano

---

1. Alternate forms: io spegno, essi spègnono.
2. Alternate forms: che io spegna, che tu spegna, ch'egli spegna, ch'essi spègnano.
3. Alternate forms: spegna, spègnano.

INFINITO

PRESENTE trarre (from traere) (to draw) PASSATO avere tratto

PARTICIPIO

PRESENTE traente   PASSATO tratto

GERUNDIO

PRESENTE traendo

INDICATIVO

PRESENTE	PASSATO REMOTO
io traggo	io trassi
tu trai	tu traesti
egli trae	egli trasse
noi traiamo	noi traemmo
voi traete	voi traeste
essi tràggono	essi tràssero

IMPERFETTO	FUTURO[1]
io traevo	io trarrò
tu traevi	tu trarrai
egli traeva	egli trarrà
noi traevamo	noi trarremo
voi traevate	voi trarrete
essi traévano	essi trarranno

CONGIUNTIVO

PRESENTE	IMPERFETTO
che io tragga	che io traessi
che tu tragga	che tu traessi
ch'egli tragga	ch'egli traesse
che noi traiamo	che noi traéssimo
che voi traiate	che voi traeste
ch'essi tràggano	ch'essi traéssero

CONDIZIONALE

PRESENTE[1]	
io trarrei	noi trarremmo
tu trarresti	voi trarreste
egli trarrebbe	essi trarrèbbero

IMPERATIVO

trai	traiamo
tragga	traete
	tràggano

1. Contracted infinitive.

INFINITO

PRESENTE vivere (to live)   PASSATO essere (avere) vissuto

PARTICIPIO

PRESENTE vivente   PASSATO vissuto

GERUNDIO

PRESENTE vivendo

INDICATIVO

PRESENTE	PASSATO REMOTO
io vivo	io vissi
tu vivi	tu vivesti
egli vive	egli visse
noi viviamo	noi vivemmo
voi vivete	voi viveste
essi vívono	essi víssero

IMPERFETTO	FUTURO[1]
io vivevo	io vivrò
tu vivevi	tu vivrai
egli viveva	egli vivrà
noi vivevamo	noi vivremo
voi vivevate	voi vivrete
essi vivévano	essi vivranno

CONGIUNTIVO

PRESENTE	IMPERFETTO
che io viva	che io vivessi
che tu viva	che tu vivessi
ch'egli viva	ch'egli vivesse
che noi viviamo	che noi vivéssimo
che voi viviate	che voi viveste
ch'essi vívano	ch'essi vivéssero

CONDIZIONALE

PRESENTE[1]	
io vivrei	noi vivremmo
tu vivresti	voi vivreste
egli vivrebbe	essi vivrèbbero

IMPERATIVO

vivi	viviamo
viva	vivete
	vívano

Conjugated with **èssere**, except when used transitively.

---

1. Contracted infinitive.

56

The following second conjugation verbs are regular throughout, except in the forms given (usually the past absolute and the past participle, sometimes only the past participle). Conjugate according to the model verb **crédere**.

INFINITO	PARTICIPIO PASSATO	PASSATO REMOTO
affíggere (to affix)	affisso	io affissi tu affig**gesti** egli affisse noi affig**gemmo** voi affig**geste** essi affíssero
+ árdere (to burn)	arso	io arsi tu ardesti egli arse noi ardemmo voi ardeste essi ársero
chièdere[1] (to ask)	chiesto	io chiesi tu chiedesti egli chiese noi chiedemmo voi chiedeste essi chièsero
chiúdere (to close)	chiuso	io chiusi tu chiudesti egli chiuse noi chiudemmo voi chiudeste essi chiúsero
conóscere (to know)	conosciuto	io conobbi tu conoscesti egli conobbe noi conoscemmo voi conosceste essi conóbbero
+ córrere (to run)	corso	io corsi tu corresti egli corse noi corremmo voi correste esso córsero

1. Alternate forms: present indicative io chieggo, essi chièggono. Present subjunctive che io chiegga through ch'essi chièggano.

INFINITO	PARTICIPIO PASSATO	PASSATO REMOTO
+ créscere (to grow)	cresciuto	io crebbi tu crescesti egli crebbe noi crescemmo voi cresceste essi crébbero
discútere (to discuss)	discusso	io discussi[1] tu discutesti egli discusse noi discutemmo voi discuteste essi discússero
* emèrgere (to emerge)	emerso	io emersi tu emergesti egli emerse noi emergemmo voi emergeste essi emèrsero
èrgere (to raise)	erto	io ersi tu ergesti egli erse noi ergemmo voi ergeste essi èrsero
esígere (to exact, to require)	esatto	io esigetti[2]
* esístere (to exist)	esistito	
espèllere (to expell)	espulso	io espulsi tu espellesti egli espulse noi espellemmo voi espelleste essi espúlsero
fíngere (to feign)	finto	io finsi tu fingesti egli finse noi fingemmo voi fingeste essi fínsero

---

1. Alternate forms regular.
2. Alternate form: io esigei.

58

INFINITO	PARTICIPIO PASSATO	PASSATO REMOTO
+ giúngere (to arrive, to join)	giunto	io giunsi tu giungesti egli giunse noi giungemmo voi giungeste essi giúnsero
invádere (to invade)	invaso	io invasi tu invadesti egli invase noi invademmo voi invadeste essi invásero
lèggere (to read)	letto	io lessi tu leggesti egli lesse noi leggemmo voi leggeste essi lèssero
méscere (to pour out, to mix)	mesciuto	
méttere (to put)	messo	io misi tu mettesti egli mise noi mettemmo voi metteste essi mísero
+ muòvere[1] (to move)	mosso	io mossi tu movesti egli mosse noi movemmo vci moveste essi mòssero
* náscere (to be born)	nato	io nacqui tu nascesti egli nacque noi nascemmo voi nasceste essi nácquero

1. May keep the diphthong throughout conjugation or follow rule given under observations on second conjugation verbs.

INFINITO	PARTICIPIO PASSATO	PASSATO REMOTO
nascóndere (to hide)	nascosto	io nascosi tu nascondesti egli nascose noi nascondemmo voi nascondeste essi nascósero
opprímere (to oppress)	oppresso	io oppressi tu opprimesti egli oppresse noi opprimemmo voi opprimeste essi opprèssero
pèrdere (to lose)	perduto, perso	io persi[1] tu perdesti egli perse noi perdemmo voi perdeste essi pèrsero
persuadere (to persuade)	persuaso	io persuasi tu persuadesti egli persuase noi persuademmo voi persuadeste essi persuásero
piángere (to weep)	pianto	io piansi tu piangesti egli pianse noi piangemmo voi piangeste essi piánsero
pòrgere (to give)	porto	io porsi tu porgesti egli porse noi porgemmo voi porgeste essi pòrsero
prèndere (to take)	preso	io presi tu prendesti egli prese noi prendemmo voi prendeste essi présero

1. Alternate forms regular.

INFINITO	PARTICIPIO PASSATO	PASSATO REMOTO
redímere (to redem)	redento	io redensi tu redimesti egli redense noi redimemmo voi redimeste essi redènsero
rídere (to laugh)	riso	io risi tu ridesti egli rise noi ridemmo voi rideste essi rísero
risòlvere (to solve)	risolto, risoluto	io risolsi[1] tu risolvesti egli risolse noi risolvemmo voi risolveste essi risòlsero
rispóndere (to answer)	risposto	io risposi tu rispondesti egli rispose noi rispondemmo voi rispondeste essi rispósero
ródere (to gnaw)	roso	io rosi tu rodesti egli rose noi rodemmo voi rodeste essi rósero
rómpere (to break)	rotto	io ruppi tu rompesti egli ruppe noi rompemmo voi rompeste essi rúppero
scèrnere (to distinguish, to chose)	no past participle	io scersi[2] tu scernesti egli scerse noi scernemmo voi scerneste essi scèrsero

1. Alternate forms: io risolvei, io risolvetti; egli risolvé, egli risolvette; essi risolvérono, essi risolvèttero.
2. Alternate forms regular.

INFINITO	PARTICIPIO PASSATO	PASSATO REMOTO
scrívere (to write)	scritto	io scrissi tu scrivesti egli scrisse noi scrivemmo voi scriveste essi scríssero
spándere (to spread, to shed)	spanto	io spansi[1] tu spandesti egli spanse noi spandemmo voi spandeste essi spánsero
stríngere (to tighten)	stretto	io strinsi tu stringesti egli strinse noi stringemmo voi stringeste essi strínsero
svèllere (to uproot)	svelto	io svelsi tu svellesti egli svelse noi svellemmo voi svelleste essi svèlsero
+ vòlgere (to turn)	volto	io volsi tu volgesti egli volse noi volgemmo voi volgeste essi vòlsero

* Conjugated with éssere.
+ Conjugated with either éssere or avere.

---

1. Alternate forms regular.

INFINITO

PRESENTE apparire (to appear, PASSATO essere apparso
to seem)

PARTICIPIO

PRESENTE apparente   PASSATO[1] apparso

GERUNDIO

PRESENTE apparendo

INDICATIVO

PRESENTE[2]

io appaio
tu appari
egli appare
noi appariamo
voi apparite
essi appáiono

PASSATO REMOTO[3]

io apparii
tu apparisti
egli apparì
noi apparimmo
voi appariste
essi apparírono

IMPERFETTO

io apparivo
tu apparivi
egli appariva
noi apparivamo
voi apparivate
essi apparívano

FUTURO

io apparirò
tu apparirai
egli apparirà
noi appariremo
voi apparirete
essi appariranno

CONGIUNTIVO

PRESENTE[4]

che io appaia
che tu appaia
ch'egli appaia
che noi appariamo
vhe voi appariate
ch'essi appáiano

IMPERFETTO

che io apparissi
che tu apparissi
ch'egli apparisse
che noi apparíssimo
che voi appariste
ch'essi apparíssero

CONDIZIONALE

PRESENTE

io apparirei
tu appariresti
egli apparirebbe

noi appariremmo
voi apparireste
essi apparirèbbero

IMPERATIVO[5]

appari
appaia

appariamo
apparite
appáiano

Conjugated with èssere.

---

1. Alternate form: **apparito.**
2. Alternate forms: io **apparisco,** tu **apparisci,** egli apparisce, essi **apparíscono.**
3. Alternate forms: io apparsi, egli apparse, essi appársero.
4. Alternate forms: che io **apparisca** through che essi **apparíscano**
5. Alternate forms: **apparisci, apparisca, apparíscano.**

INFINITO

PRESENTE   aprire (to open)   PASSATO   avere aperto

PARTICIPIO

PRESENTE   aprente   PASSATO   aperto

GERUNDIO

PRESENTE   aprendo

INDICATIVO

PRESENTE	PASSATO REMOTO[1]
io apro	io apersi
tu apri	tu apristi
egli apre	egli aperse
noi apriamo	noi aprimmo
voi aprite	voi apriste
essi áprono	essi apèrsero

IMPERFETTO	FUTURO
io aprivo	io aprirò
tu aprivi	tu aprirai
egli apriva	egli aprirà
noi aprivamo	noi apriremo
voi aprivate	voi aprirete
essi aprívano	essi apriranno

CONGIUNTIVO

PRESENTE	IMPERFETTO
che io apra	che io aprissi
che tu apra	che tu aprissi
ch'egli apra	ch'egli aprisse
che noi apriamo	che noi aprissimo
che voi apriate	che voi apriste
ch'essi áprano	ch'essi apríssero

CONDIZIONALE

PRESENTE	
io aprirei	noi apriremmo
tu apriresti	voi aprireste
egli aprirebbe	essi aprirèbbero

IMPERATIVO

apri	apriamo
apra	aprite
	áprano

1. Alternate forms: io aprii, egli aprì, essi aprirono.

65

INFINITO

PRESENTE dire (from dicere) (to say)   PASSATO avere detto

PARTICIPIO

PRESENTE dicente   PASSATO detto

GERUNDIO

PRESENTE dicendo

INDICATIVO

PRESENTE	PASSATO REMOTO
io dico	io dissi
tu dici	tu dicesti
egli dice	egli disse
noi diciamo	noi dicemmo
voi dite	voi diceste
essi dícono	essi díssero

IMPERFETTO	FUTURO
io dicevo	io dirò
tu dicevi	tu dirai
egli diceva	egli dirà
noi dicevamo	noi diremo
voi dicevate	voi direte
essi dicévano	essi diranno

CONGIUNTIVO

PRESENTE	IMPERFETTO
che io dica	che io dicessi
che tu dica	che tu dicessi
ch'egli dica	ch'egli dicesse
che noi diciamo	che noi dicéssimo
che voi diciate	che voi diceste
ch'essi dícano	ch'essi dicéssero

CONDIZIONALE

PRESENTE	
io direi	noi diremmo
tu diresti	voi direste
egli direbbe	essi dirèbbero

IMPERATIVO

di'	diciamo
dica	dite
	dícano

OBSERVATION: Since the root of the original infinitive **dicere** is present almost everywhere in the conjugation, the verb may be considered as belonging to the second conjugation.

INFINITO

PRESENTE   morire (to die)   PASSATO   essere morto

PARTICIPIO

PRESENTE   morente   PASSATO   morto

GERUNDIO

PRESENTE   morendo

INDICATIVO

PRESENTE
io muoio
tu muori
egli muore
noi moriamo
voi morite
essi muòiono

PASSATO REMOTO
io morii
tu moristi
egli morí
noi morimmo
voi moriste
essi morírono

IMPERFETTO
io morivo
tu morivi
egli moriva
noi morivamo
voi morivate
essi morivano

FUTURO[1]
io morirò
tu morirai
egli morirà
noi moriremo
voi morirete
essi moriranno

CONGIUNTIVO

PRESENTE
che io muoia
che tu muoia
ch'egli muoia
che noi moriamo
che voi moriate
ch'essi muòiano

IMPERFETTO
che io morissi
che tu morissi
ch'egli morisse
che noi moríssimo
che voi moriste
ch'essi moríssero

CONDIZIONALE

PRESENTE[1]
io morirei
tu moriresti
egli morirebbe

noi moriremmo
voi morireste
essi morirèbbero

IMPERATIVO

muori
muoia

moriamo
morite
muòiano

Conjugated with èssere.

1. For the future and conditional there are alternate forms with a contracted infinitive: io morrò, etc.

INFINITIVO

PRESENTE   salire (to go up)   PASSATO   essere salito

PARTICIPIO

PRESENTE   salente   PASSATO   salito

GERUNDIO

PRESENTE   salendo

INDICATIVO

PRESENTE	PASSATO REMOTO
io salgo	io salii
tu sali	tu salisti
egli sale	egli salí
noi saliamo	noi salimmo
voi salite	voi saliste
essi sálgono	essi salírono

IMPERFETTO	FUTURO
io salivo	io salirò
tu salivi	tu salirai
egli saliva	egli salirà
noi salivamo	noi saliremo
voi salivate	voi salirete
essi salívano	essi saliranno

CONGIUNTIVO

PRESENTE	IMPERFETTO
che io salga	che io salissi
che tu salga	che tu salissi
ch'egli salga	ch'egli salisse
che noi saliamo	che noi salissimo
che voi saliate	che voi saliste
ch'essi sálgano	ch'essi salíssero

CONDIZIONALE

PRESENTE	
io salirei	noi saliremmo
tu saliresti	voi salireste
egli salirebbe	essi salirèbbero

IMPERATIVO

sali	saliamo
salga	salite
	sálgano

Conjugated with **èssere**.

INFINITO

PRESENTE   udire (to hear)   PASSATO   avere udito

PARTICIPIO

PRESENTE   udente   PASSATO   udito

GERUNDIO

PRESENTE   udendo

INDICATIVO

PRESENTE	PASSATO REMOTO
io odo	io udii
tu odi	tu udisti
egli ode	egli udí
noi udiamo	noi udimmo
voi udite	voi udiste
essi òdono	essi udírono

IMPERFETTO	FUTURO[1]
io udivo	io udirò
tu udivi	tu udirai
egli udiva	egli udirà
noi udivamo	noi udiremo
voi udivate	voi udirete
essi udívano	essi udiranno

CONGIUNTIVO

PRESENTE	IMPERFETTO
che io oda	che io udissi
che tu oda	che tu udissi
ch'egli oda	ch'egli udisse
che noi udiamo	che noi udíssimo
che voi udiate	che voi udiste
ch'essi òdano	ch'essi udíssero

CONDIZIONALE

PRESENTE[1]	
io udirei	noi udiremmo
tu udiresti	voi udireste
egli udirebbe	essi udirèbbero

IMPERATIVO

odi	udiamo
oda	udite
	òdano

---

1. For the future and conditional there are alternate forms with a contracted infinitive: io udrò, etc.

INFINITO

PRESENTE uscire (escire)   PASSATO essere uscito
(to go out)

PARTICIPIO

PRESENTE uscente   PASSATO uscito

GERUNDIO

PRESENTE uscendo

INDICATIVO

PRESENTE   PASSATO REMOTO
io esco   io uscii
tu esci   tu uscisti
egli esce   egli uscí
noi usciamo   noi uscimmo
voi uscite   voi usciste
essi èscono   essi uscirono

IMPERFETTO   FUTURO
io uscivo   io uscirò
tu uscivi   tu uscirai
egli usciva   egli uscirà
noi uscivamo   noi usciremo
voi uscivate   voi uscirete
essi uscívano   essi usciranno

CONGIUNTIVO

PRESENTE   IMPERFETTO
che io esca   che io uscissi
che tu esca   che tu uscissi
ch'egli esca   ch'egli uscisse
che noi usciamo   che noi uscíssimo
che voi usciate   che voi usciste
ch'essi èscano   ch'essi uscíssero

CONDIZIONALE

PRESENTE
io uscirei   noi usciremmo
tu usciresti   voi uscireste
egli uscirebbe   essi uscirèbbero

IMPERATIVO

esci   usciamo
esca   uscite
                             èscano
Conjugated with èssere.

70

INFINITO
PRESENTE   venire (to come)   PASSATO   essere venuto

PARTICIPIO
PRESENTE   veniente   PASSATO   venuto

GERUNDIO
PRESENTE   venendo

INDICATIVO

PRESENTE

io vengo
tu vieni
egli viene
noi veniamo
voi venite
essi vèngono

PASSATO REMOTO

io venni
tu venisti
egli venne
noi venimmo
voi veniste
essi vénnero

IMPERFETTO

io venivo
tu venivi
egli veniva
noi venivamo
voi venivate
essi venívano

FUTURO[1]

io verrò
tu verrai
egli verrà
noi verremo
voi verrete
essi verranno

CONGIUNTIVO

PRESENTE

che io venga
che tu venga
ch'egli venga
che noi veniamo
che voi veniate
ch'essi vèngano

IMPERFETTO

che io venissi
che tu venissi
ch'egli venisse
che noi venissimo
che voi veniste
ch'essi veníssero

CONDIZIONALE

PRESENTE[1]

io verrei
tu verresti
egli verrebbe

noi verremmo
voi verreste
essi verrèbbero

IMPERATIVO

vieni
venga

veniamo
venite
vèngano

Conjugated with èssere.

1. Contracted infinitive with assimilation.

71

The following three verbs are regular but have also the alternate forms indicated.

INFINITO	PARTICIPIO PASSATO	PASSATO REMOTO
inferire	inferto	io infersi tu inferisti egli inferse noi inferimmo voi inferiste essi infèrsero
percepire	percetto	
scolpire	sculto	io sculsi tu scolpisti egli sculse noi scolpimmo voi scolpiste essi scúlsero
offrire[1]	offerto	io offersi tu offristi egli offerse noi offrimmo voi offriste essi offèrsero

---

1. Present participle also irregular: **offerente**.

72

INFINITO

PRESENTE vestirsi (to dress oneself)
PASSATO essersi vestito

PARTICIPIO

PRESENTE vestentesi   PASSATO   vestitosi

GERUNDIO

PRESENTE vestèndosi   PASSATO   essèndosi vestito

INDICATIVO

PRESENTE
io mi vesto
tu ti vesti
egli si veste
noi ci vestiamo
voi vi vestite
essi si vèstono

PASSATO PROSSIMO
io mi sono vestito (a)
tu ti sei vestito (a)
egli s'è vestito
noi ci siamo vestiti (e)
voi vi siete vestiti (e) (o) (a)
essi si sono vestiti

IMPERFETTO
io mi vestivo
tu ti vestivi
egli si vestiva
noi ci vestivamo
voi vi vestivate
essi si vestívano

TRAPASSATO PROSSIMO
io m'ero vestito (a)
tu t'eri vestito (a)
egli s'era vestito
noi c'eravamo vestiti (e)
voi v'eravate vestiti (e)(o)(a)
essi s'èrano vestiti

PASSATO REMOTO
io mi vestii
tu ti vestisti
egli si vestì
noi ci vestimmo
voi vi vestiste
essi si vestírono

TRAPASSATO REMOTO
io mi fui vestito (a)
tu ti fosti vestito (a)
egli si fu vestito
noi ci fummo vestiti (e)
voi vi foste vestiti (e) (o) (a)
essi si fúrono vestiti

FUTURO SEMPLICE
io mi vestirò
tu ti vestirai
egli si vestirà
noi ci vestiremo
voi vi vestirete
essi si vestiranno

FUTURO COMPOSTO
io mi sarò vestito (a)
tu ti sarai vestito (a)
egli si sarà vestito
noi ci saremo vestiti (e)
voi vi sarete vestiti (e) (o) (a)
essi si saranno vestiti

CONGIUNTIVO

PRESENTE

che io mi vesta
che tu ti vesta
ch'egli si vesta
che noi ci vestiamo
che voi vi vestiate
ch'essi si vèstano

PASSATO

che io mi sia vestito (a)
che tu ti sia vestito (a)
ch'egli si sia vestito
che noi ci siamo vestiti (e)
che voi vi siate vestiti(e)(o)(a)
ch'essi si siano vestiti

IMPERFETTO

che io mi vestissi
che tu ti vestissi
ch'egli si vestisse
che noi ci vestíssimo
che voi vi vestiste
ch'essi si vestíssero

TRAPASSATO

che io mi fossi vestito (a)
che tu ti fossi vestito (a)
ch'egli si fosse vestito
che noi ci fóssimo vestiti (e)
che voi vi foste vestiti(e)(o)(a)
ch'essi si fóssero vestiti

CONDIZIONALE

PRESENTE

io mi vestirei
tu ti vestiresti
egli si vestirebbe
noi ci vestiremmo
voi vi vestireste
essi si vestirèbbero

PASSATO

io mi sarei vestito (a)
tu ti saresti vestito (a)
egli si sarebbe vestito
noi ci saremmo vestiti (e)
voi vi sareste vestiti (e)(o)(a)
essi si sarèbbero vestiti

IMPERATIVO

vestiti
si vesta

vestiamoci
vestitevi
si vèstano

OBSERVATIONS: Reflexive verbs are conjugated with èssere, and follow the rules of the agreement of the past participle with verbs conjugated with èssere.

The reflexive pronouns immediately precede the verb, except when they are used in conjunction with another pronoun or when they follow the verb. In the former case **mi, ti, si, ci, vi** become **me, te, se, ce, ve** for reasons of euphony; in the latter case the pronoun is joined to the verb and forms one word with it (**me ne vado, vestiámoci**).

In the plural the reflexive form is identical to the reciprocal form. **Voi vi lodate** may mean either "You praise yourselves" or "You praise each other". To bring out the reciprocal meaning an expression such as **l'un l'altro, scambievolmente,** or **reciprocamente** can be added (**si aiútano l'un l'altro**: "They help each other").

Any transitive verb may be made reflexive by the addition of the reflexive pronouns.

INFINITO

PRESENTE   essere lodato (to be praised)
PASSATO   essere stato lodato

PARTICIPIO

PRESENTE   (essente lodato)   PASSATO   (stato) lodato

GERUNDIO

PRESENTE   essendo lodato   PASSATO   essendo stato lodato

INDICATIVO

PRESENTE

io sono lodato (a)
tu sei lodato (a)
egli è lodato
noi siamo lodati (e)
voi siete lodati (e)(o)(a)
essi sono lodati

PASSATO PROSSIMO

io sono stato lodato (a)
tu sei stato lodato (a)
egli è stato lodato
noi siamo stati lodati (e)
voi siete stati lodati (e)(o)(a)
essi sono stati lodati

IMPERFETTO

io ero lodato (a)
tu eri lodato (a)
egli era lodato
noi eravamo lodati (e)
voi eravate lodati(e)(o)(a)
essi èrano lodati

TRAPASSATO PROSSIMO

io ero stato lodato (a)
tu eri stato lodato (a)
egli era stato lodato
noi eravamo stati lodati (e)
voi eravate stati lodati(e)(o)(a
essi èrano stati lodati

PASSATO REMOTO

io fui lodato (a)
tu fosti lodato (a)
egli fu lodato
noi fummo lodati (e)
voi foste lodati (e)(o)(a)
essi fúrono lodati

TRAPASSATO REMOTO

io fui stato lodato (a)
tu fosti stato lodato (a)
egli fu stato lodato
noi fummo stati lodati (e)
voi foste stati lodati (e)(o)(a)
essi fúrono stati lodati

FUTURO SEMPLICE

io sarò lodato (a)
tu sarai lodato (a)
egli sarà lodato
noi saremo lodati (e)
voi sarete lodati (e)(o)(a)
essi saranno lodati

FUTURO COMPOSTO

io sarò stato lodato (a)
tu sarai stato lodato (a)
egli sarà stato lodato
noi saremo stati lodati (e)
voi sarete stati lodati (e)(o)(a)
essi saranno stati lodati

CONGIUNTIVO

PRESENTE

che io sia lodato (a)
che tu sia lodato (a)
ch'egli sia lodato
che noi siamo lodati (e)
che voi siate lodati(e)(o)(a
ch'essi síano lodati

PASSATO

che io sia stato lodato (a)
che tu sia stato lodato (a)
ch'egli sia stato lodato
che noi siamo stati lodati(e)
che voi siate stati lodati(e)(o)
essi sarèbbero stati lodati   [(a)

IMPERFETTO

che io fossi lodato (a)
che tu fossi lodato (a)
ch'egli fosse lodato
che noi fóssimo lodati (e)
che voi foste lodati(e)(o)(a
ch'essi fóssero lodati

TRAPASSATO

che io fossi stato lodato (a)
che tu fossi stato lodato (a)
ch'egli fosse stato lodato
che noi fossimo stati lodati (e)
che voi foste stati lodati(e)(o)
ch'essi siano stati lodati   [(a)

CONDIZIONALE

PRESENTE

io sarei lodato (a)
tu saresti lodato (a)
egli sarebbe lodato
noi saremmo lodati (e)
voi sareste lodati (e)(o)(a
essi sarèbbero lodati

PASSATO

io sarei stato lodato (a)
tu saresti stato lodato (a)
egli sarebbe stato lodato
noi saremmo stati lodati (e)
voi sareste stati lodati(e)(o)(a)
essi sarèbbero stati lodati

IMPERATIVO

sii lodato
sia lodato

siamo lodati
siate lodati
síano lodati

OBSERVATIONS: Any active verb may be made passive by placing its past participle after all the forms of the auxiliary èssere. The tense and mood is indicated by the form of the auxiliary (sono lodato is therefore the first person singular of the present indicative). The past participle follows the rules of agreement with the subject.

Instead of èssere venire can be used as an auxiliary verb, but only in the simple tenses (veniva lodato is equivalent to era lodato). Sometimes andare is similarly used, usually in the third person singular and plural of the simple tenses (Questo va fatto al più presto).

The passive is often replaced in the third persons singular and plural by the impersonal construction formed with si (Questo libro si legge molto — This book is much read).

76

I

INFINITO

PRESENTE   piòvere (to rain)   PASSATO   essere (avere) piovuto

PARTICIPIO

PRESENTE   piovente   PASSATO   piovuto

GERUNDIO

PRESENTE   piovendo   PASSATO   essendo (avendo) piovuto

INDICATIVO

PRESENTE	PASSATO PROSSIMO
piove	è (ha) piovuto
IMPERFETTO	TRAPASSATO PROSSIMO
pioveva	era (aveva) piovuto
PASSATO REMOTO	TRAPASSATO REMOTO
piovve	fu (ebbe) piovuto
FUTURO SEMPLICE	FUTURO COMPOSTO
pioverà	sarà (avrà) piovuto

CONGIUNTIVO

PRESENTE	PASSATO
che piova	che sia (abbia) piovuto
IMPERFETTO	TRAPASSATO
che piovesse	che fosse (avesse) piovuto

CONDIZIONALE

PRESENTE   pioverebbe   PASSATO   sarebbe (avrebbe) piovuto

IMPERATIVO

piova

II

INFINITO

PRESENTE   bastare   (to be enough)   PASSATO   essere bastato

PARTICIPIO

PRESENTE   bastante   PASSATO   bastato

GERUNDIO

PRESENTE   bastando   PASSATO   essendo bastato

INDICATIVO

PRESENTE
esso basta
essi bástano

PASSATO PROSSIMO
esso è bastato
essi sono bastati

IMPERFETTO
esso bastava
essi bastávano

TRAPASSATO PROSSIMO
esso era bastato
essi erano bastati

PASSATO REMOTO
esso bastò
essi bastárono

TRAPASSATO REMOTO
esso fu bastato
essi furono bastati

FUTURO SEMPLICE
esso basterà
essi basteranno

FUTURO COMPOSTO
esso sarà bastato
essi saranno bastati

CONGIUNTIVO

PRESENTE
che esso basti
che essi bástino

PASSATO
che esso sia bastato
che essi siano bastati

IMPERFETTO
che esso bastasse
che essi bastássero

TRAPASSATO
che esso fosse bastato
che essi fossero bastati

CONDIZIONALE

PRESENTE
esso basterebbe
essi basterèbbero

PASSATO
esso sarebbe bastato
essi sarèbbero bastati

IMPERATIVO

basti   bástino

78

III

INFINITO

PRESENTE piacere (to be pleasing, to like)
PASSATO essere piaciuto

PARTICIPIO

PRESENTE piacente   PASSATO piaciuto

GERUNDIO

PRESENTE piacendo   PASSATO essendo piaciuto

INDICATIVO
PRESENTE
    mi, ti, gli, le, ci, vi piace; piace loro
    mi, ti, gli, le, ci, vi piácciono; piácciono loro

IMPERFETTO
    mi, ti, gli, le, ci, vi piaceva; piaceva loro
    mi, ti, gli, le, ci, vi piacévano; piacévano loro

PASSATO REMOTO
    mi, ti, gli, le, ci, vi piacque; piacque loro
    mi, ti, gli, le, ci, vi piácquero; piácquero loro

FUTURO SEMPLICE
    mi, ti, gli, le, ci, vi piacerà; piacerà loro
    mi, ti, gli, le, ci, vi piaceranno; piaceranno loro

PASSATO PROSSIMO
    mi, ti, gli, le, ci, vi è piaciuto(a); è piaciuto(a) loro
    mi, ti, gli, le, ci, vi sono piaciuti(e); sono piaciuti(e) loro

TRAPASSATO PROSSIMO
    mi, ti, gli, le, ci, vi era piaciuto(a); era piaciuto(a) loro
    mi, ti, gli, le, ci, vi erano piaciuti(e); erano piaciuti(e) loro

TRAPASSATO REMOTO
    mi, ti, gli, le, ci, vi fu piaciuto(a); fu piaciuto(a) loro
    mi, ti, gli, le, ci, vi furono piaciuti(e); furono piaciuti(e) loro

FUTURO COMPOSTO
    mi, ti, gli, le, ci, vi sarà piaciuto(a); sarà piaciuto(a) loro
    mi, ti, gli, le, ci, vi saranno piaciuti(e); saranno piaciuti(e)
                                         [loro

CONGIUNTIVO

PRESENTE

che mi, ti, gli, le, ci, vi piaccia; che piaccia loro
che mi, ti, gli, le, ci, vi piácciano; che piácciano loro

IMPERFETTO

che mi, ti, gli, le, ci, vi piacesse: che piacesse loro
che mi, ti, gli, le, ci, vi piacéssero; che piacéssero loro

PASSATO

che mi, ti, gli, le, ci, vi sia piaciuto(a); che sia piaciuto(a)
[loro
che mi, ti, gli, le, ci, vi siano piaciuti(e); che siano piaciuti
[(e) loro

TRAPASSATO

che mi, ti, gli, le, ci, vi fosse piaciuto(a); che fosse piaciuto
[(a) loro
che mi, ti, gli, le, ci, vi fossero piaciuti(e); che fossero
[piaciuti(e) loro

CONDIZIONALE

PRESENTE

mi, ti, gli, le, ci, vi piacerebbe; piacerebbe loro
mi, ti, gli, le, ci, vi piacerèbbero; piacerèbbero loro

PASSATO

mi, ti, gli, le, ci, vi sarebbe piaciuto(a); sarebbe piaciuto(a)
[loro
mi ti, gli, le, ci, vi sarèbbero piaciuti(e); sarèbbero piaciuti
[(e) loro

IMPERATIVO

mi, ti, gli, le, ci, vi piaccia; piaccia loro

IV

INDICATIVO

PRESENTE	PASSATO PROSSIMO
si dice	si è detto
IMPERFETTO	TRAPASSATO PROSSIMO
si diceva	si era detto
PASSATO REMOTO	TRAPASSATO REMOTO
si disse	si fu detto
FUTURO SEMPLICE	FUTURO COMPOSTO
si dirà	si sarà detto

CONGIUNTIVO

PRESENTE
    che si dica

PASSATO
    che si sia detto

IMPERFETTO
    che si dicesse

TRAPASSATO
    che si fosse detto

CONDIZIONALE

PRESENTE si direbbe   PASSATO si sarebbe detto

OBSERVATIONS: Impersonal verbs can be divided into four categories, according to their use. Verbs which belong to the first division are absolutely impersonal and are used only in the third person singular. These verbs refer for the most part to atmospheric phenomena: **albeggiare** (to dawn), **annottare** (to get dark), **balenare** (to lighten), **diluviare** (to pour) **gelare** (to freeze), **grandinare** (to thunder). The verb **fare** is used impersonally in such expressions as **fare caldo** (to be warm) or **fare freddo** (to be cold). The verb **tirare** is used impersonally in the phrase **tirare vento** (to be windy). These same verbs, however, if used figuratively (**Tuònano i cannoni** - The cannon are thundering), become personal.

    Verbs which belong to the second category are used in the third person singular but can also be used in the third person plural when they are followed by a noun in the plural which becomes their subject (**Basta un foglio; bástano due fogli**). Such verbs are **accadere, avvenire** (to happen), **bastare** (to be enough), **bisognare** (to need), **importare** (to matter), **parere, sembrare** (to seem). These verbs are commonly used impersonally when followed by a subordinate clause (**Bisogna che tu te ne vada**).

    Verbs of the third category are used with the dative pronouns **mi, ti, gli, le, ci, vi, loro**. The verbs mentioned in connection with the preceding category can be used in this way (**Mi basta un foglio** - One sheet is enough for me), other such verbs being **toccare** (to be up to), **prèmere** (to care for), **giovare** (to be of value), **convenire** (to be of use).

    As for the fourth category it should be remembered that any verb may be used impersonally in the third person singular, in which case it is preceded by **si**. The **si** has taken the place of **uomo** and is equivalent to the French use of **on** in an expression such as **On dit.**

    It should be noted that verbs belonging to the third and fourth category are not in themselves impersonal and can also be conjugated fully. The verb **piacere**, for instance, can be used with a personal subject (**noi gli piacciamo**). It is chosen as a model here because of the frequency with which it is used as an impersonal verb.

    Impersonal verbs are conjugated with **èssere**, except for those referring to natural phenomena which may also be conjugated with **avere**.

81

addirsi (to suit) Conjugated like **dire.** Used in the third person singular and plural of the present and imperfect indicative, and the present and imperfect subjunctive.

ardire (to dare) Conjugated regularly like **finire,** but the forms **ardiamo, ardiate, ardente** (which are identical with the same forms of the verb **árdere**) are replaced by **osiamo, osiate, osante,** borrowed from the verb **osare.**

calere (to matter) Used impersonally in the form **cale (mi cale, non mi cale),** and more rarely **caleva, calse, caglia, calesse, calendo.**

fallare (to err) Used in the form **falla** and in the compound tenses **(ho fallato,** etc.)

fèrvere (to be intense) Conjugated regularly. Used in the third person singular and plural of the present and imperfect indicative, and in the forms **fervente** and **fervendo.**

ire (to go) Used for the most part colloquially in Tuscany. **Voi ite, tu isti, voi iste, essi írono,** and all compound tenses **(io sono ito,** etc.)

prúdere (to itch) Conjugated regularly. Used in the third person singular and plural of all simple tenses, with the exception of the past absolute, and in the form **prudendo.**

lúcere (to shine) Conjugated regularly. Used in the third person singular and plural of the present and imperfect indicative, and the present and imperfect subjunctive, and in the forms **lucente** and **lucendo.**

solere (to be wont) Used in the present **(io soglio, tu suoli, egli suole, noi sogliamo, voi solete, essi sògliono)** and imperfect indicative, and in the present **(che io soglia,** etc.) and imperfect subjunctive, and in the form **solendo.** The compound tenses are based on the form **essere sòlito.**

úrgere (to be urgent) Conjugated regularly in the third person singular and plural of the simple tenses, with the exception of the past absolute, and in the forms **urgente** and **urgendo.** If used transitively the simple tenses have their complete conjugation.

vígere (to be in force, like customs and laws) Conjugated regurlarly. Used in the third person singular and plural of the simple tenses, with the exception of the past absolute, and in the forms **vigente** and **vigendo.**

List of Irregular Verbs

For each irregular verb which is not conjugated in the preceding pages reference is made to a model verb. For conjugation of **accadere** for instance turn to **cadere.**

* accadere (to happen)   cadere
  accèndere (to light)   prèndere
* accíngersi (to prepare oneself)   fíngere
  acclúdere (to enclose)   chiúdere
  accògliere (to receive, accept)   scégliere
* accòrgersi (to notice)   pòrgere
* accórrere (to run up)   córrere
+ accréscere (to increase)   créscere
* addarsi (to perceive)   dare (Not all forms are in use)
* addirsi (to suit)   dire (Defective)
* addivenire (to become)   venire
  addurre (to quote, allege)   condurre
  affíggere (to affix)   see page 57
  afflíggere (to afflict)   scrívere
  aggiúngere (to add)   giúngere
  allúdere (to hint at)   chiúdere
  amméttere (to admit, receive)   méttere
* andare (to go)   see page 27
  annèttere (to attach)   opprímere (The past absolute is also regular)

  anteporre (to put before)   porre
  antivedere (to foresee)   vedere
* apparire (to appear)   see page 63
+ appartenere (to belong)   tenere
  appèndere (to hang up)   prèndere
  apprèndere (to learn)   prèndere
  aprire (to open)   see page 65
+ árdere (to burn)   see page 57
* arrèndere (to surrender)   prèndere
  arrídere (to smile)   rídere
+ ascéndere (to rise)   prèndere
  ascóndere (to hide)   nascóndere
  ascrívere (to attribute)   scrívere
  aspèrgere (to sprinkle)   emèrgere
  assalire (to assail)   salire (The past absolute is also regular)

* assídersi (to sit down)   rídere

---

* Conjugated with **èssere.**
+ Conjugated with either **èssere** or **avere.**

assístere (to assist) — esístere

assòlvere (to forgive, free) — risòlvere (The past absolute is also regular)

* assuefarsi (to become used to) — fare

assúmere (to assume, take) — giúngere

* astenersi (to refrain from) — tenere

astrarre (to abstract) — trarre

astríngere (to draw together) — stríngere

attèndere (to await, mind) — prèndere

* attenersi (to conform) — tenere

attíngere (to draw from) — fíngere

attrarre (to attract) — trarre

* avvedersi (to become aware of) — vedere

* avvenire (to happen) — venire

avvíncere (to bind, fascinate) — fíngere

avvòlgere (to wrap) — vòlgere

benedire (to bless) — dire (Also tends to be conjugated regularly)

bere (to drink) — see page 46

* cadere (to fall) — see page 31

chièdere (to ask) — see page 57

chiúdere (to close) — see page 57

cíngere (to embrace, surround) — fíngere

circoncídere (to circumcise) — rídere

circonflèttere (to circumflex) — opprímere (Only the past participle **circonflesso** is in use)

circoscrívere (to circumscribe) — scrívere

cògliere (to catch, gather) — scégliere (The contracted infinitive **corre** with its future and conditional forms is used in poetry)

coinvòlgere (to involve) — vòlgere

comméttere (to commit) — méttere

commuòvere (to move) — muòvere

* comparire (to appear) — apparire (Regular when used in the sense of cutting a good figure)

compiacere (to please) — piacere

compiángere (to pity) — piángere

comprèndere (to understand, include) — prèndere

comprímere (to compress) — opprímere

comprométtere (to compromise) — méttere

compúngere (to afflict) — giúngere

concèdere (to grant, allow) — opprímere (The past absolute is also regular)

concèrnere (to regard) — scèrnere (Past absolute and past participle missing)

conchiúdere (to conclude) — chiúdere

conclúdere (to conclude)	chiúdere
concórrere (to compete, contribute)	córrere
condiscéndere (to yield, consent)	prèndere
* condolersi (to condole)	dolere
condurre (to lead)	see page 48
* confare (to suit)	fare
configgere (to drive in)	scrívere
confóndere (to confuse)	chiúdere
congiúngere (to join, connect)	giúngere
connéttere (to connect)	opprímere (The past absolute is also regular)
conóscere (to know)	see page 57
conquídere (to win)	rídere
* consístere (to consist)	esístere
contèndere (to contend)	prèndere
contenere (to hold, restrain)	tenere
contestare (to contest, deny)	stare
contíngere (to touch)	fíngere (Literary, defective)
contòrcere (to twist)	vòlgere
contraddire (to contradict)	dire
contraffare (to forge, simulate)	fare
contrarre (to contract)	trarre
+ convenire (to assemble, agree)	venire
convíncere (to persuade)	fíngere
* convívere (to live together)	vívere
coprire (to cover)	aprire
corrèggere (to correct)	lèggere
+ córrere (to run)	see page 57
corrispóndere (to correspond)	rispóndere
corródere (to wear away)	ródere
corrómpere (to corrupt)	rómpere
cospèrgere (to wet)	emèrgere
costríngere (to force)	stríngere
+ créscere (to grow)	see page 58
crocifíggere (to crucify)	affíggere
cuòcere (to cook)	see page 50
dare (to give)	see page 28
* decadere (to decay, fall)	cadere
decídere (to decide)	rídere
+ decórrere (to start)	córrere
+ decréscere (to decrease)	créscere
dedurre (to deduct, deduce)	condurre
delúdere (to disappoint, deceive)	chiúdere
deporre (to depose)	porre
deprímere (to depress)	opprímere
derídere (to ridicule)	rídere
descrívere (to describe)	scrívere

85

List of Irregular Verbs

desístere (to give up)	esístere
desúmere (to infer, deduce)	giúngere
detenere (to hold)	tenere
detrarre (to deduct)	trarre
difèndere (to defend)	prèndere
diffóndere (to spread)	chiúdere
diméttere (to remove, resign)	méttere
* dipèndere (to depend)	prèndere
dipingere (to paint, depict)	fíngere
dire (to tell)	see page 66
dirígere (to direct)	lèggere
disapprèndere (to unlearn)	prèndere
+ discéndere (to descend, fall)	prèndere
discèrnere (to discern)	scèrnere
dischiúdere (to disclose)	chiúdere
discíngere (to ungird)	fíngere
disciògliere (to dissolve)	scégliere
discórrere (to talk)	córrere
discútere (to discuss, argue)	see page 58
disdire (to cancel)	dire
disfare (to undo)	fare
disgiúngere (to separate)	giúngere
disillúdere (to free from illusions)	chiúdere
dispèrdere (to disperse, dissipate)	pèrdere
* dispiacere (to displease)	piacere
dissòlvere (to dissolve)	risòlvere (The past absolute is also regular)
dissuadere (to dissuade)	persuadere
distèndere (to spread, stretch)	prèndere
distínguere (to distinguish)	fíngere
distògliere (to deter, distract)	scégliere
distrarre (to distract, entertain)	trarre
distruggere (to destroy, to ruin)	condurre
* divenire (to become, grow)	venire
divídere (to divide, part)	rídere
* dolere (dolersi) to ache, regret)	see page 32
+ dovere (to have to, owe)	see page 33
elèggere (elect)	lèggere
elídere (to suppress, elide)	rídere (The past absolute is also regular)
elúdere (to avoid)	chiúdere
* emèrgere (to emerge)	see page 58
+ equivalere (to be equivalent)	valere
èrgere (to raise)	see page 58
erígere (to erect, build)	lèggere
esclúdere (to exclude)	chiúdere
escútere (to examine)	discútere (Rare)
esígere (to require)	see page 58
* esístere (to exist)	see page 58

86

List of Irregular Verbs

espándere (to expand, spread) — spándere
espèllere (to expel) — see page 58
+ esplódere (to explode) — ródere
esprímere (to express) — opprímere
estèndere (to extend) — prèndere
estínguere (to extinguish) — fíngere
estrárre (to extract, draw) — trarre
* evádere (to evade) — invádere — see page 29

fare (to make) — prèndere
fíggere (to fix) — scrívere — see page 58
fíngere (to pretend) — opprímere (The past absolute is also regular)
flèttere (to bend)
fóndere (to melt) — chiúdere
framméttere (to insert) — méttere
frángere (to break) — piángere
fríggere (to fry) — scrívere
fúngere (to act) — giúngere
* genuflèttere (to kneel down) — opprimere (The past absolute is also regular)

* giacere (to lie) — piacere
+ giúngere (to arrive, join) — see page 59
illúdere (to illude) — chiúdere
immèrgere (to dip) — emèrgere
imprèndere (to undertake) — prèndere
imprímere (to impress) — opprímere
inchiúdere (to enclose) — chiúdere
incídere (to engrave) — rídere
inclúdere (to include) — chiúdere
* incórrere (to incur) — córrere
* incréscere (to be unpleasant) — créscere
incútere (to rouse) — discútere (The past absolute is also regular)

indurre (to induce) — condurre
inferire (to deduce) — see page 72
infíggere (to infix) — scrívere
infíngere (to simulate) — fíngere
inflíggere (to inflict) — scrívere
infóndere (to instill) — chiúdere
infrángere (to break) — piángere
ingiúngere (to command) — giúngere
inscrívere (to enter, inscribe) — scrívere
insístere (to insist) — esístere
* insórgere (to rise) — vòlgere
intèndere (to understand, hear) — prèndere
interrómpere (to interrupt) — rómpere
intraprèndere (to undertake) — prèndere
intrídere (to soak) — rídere
introdurre (to introduce) — condurre

87

intrúdere (to intrude)	chiúdere
in鵝vádere (to invade)	see page 59
* invalere (to be introduced)	valere
invòlgere (to envelop)	vòlgere
irrídere (to deride)	rídere
* irrómpere (to break into)	rómpere
lèdere (to hurt, offend)	prèndere
lèggere (to read)	see page 59
maledire (to curse)	dire (Also tends to be conjugated regularly)
mantenere (to keep, support)	tenere
méscere (to pour out, mix)	see page 59
méttere (to put)	see page 59
mòrdere (to bite)	córrere
* morire (to die)	see page 67
múngere (to milk)	giúngere
+ muòvere (to move)	see page 59
* náscere (to be born)	see page 59
nascóndere (to hide)	see page 60
neglígere (to neglect)	lèggere
nuòcere (to be hurtful)	see page 51
occlúdere (to occlude)	chiúdere
* occórrere (to need)	córrere
offèndere (to offend)	prèndere
offrire (to offer)	see page 72
ométtere (to leave out)	méttere
opporre (to oppose)	porre
opprímere (to oppress)	see page 60
ottenere (to get)	tenere
* parere (to seem)	see page 35
percepire (to perceive)	see page 72
percórrere (to run along, scour)	córrere
percuòtere (to beat)	muòvere
pèrdere (to lose, miss)	see page 60
* permanere (to remain)	rimanere (Rare; past participle: permaso)
perméttere (to allow)	méttere
persístere (to persist)	esístere
persuadere (to persuade)	see page 60
pervádere (to pervade)	invádere
* piacere (to like, please)	see page 36
piángere (to weep)	see page 60
píngere (to paint)	fíngere (Literary)
piòvere (to rain)	see page 77
pòrgere (to give)	see page 60
porre (to put)	see page 13
possedere (to have)	sedere
+ potere (to be able)	see page 37
preclúdere (to preclude)	chiúdere
precórrere (to fore-run)	córrere

88

predilígere (to prefer)	lèggere
prefíggere (to prefix)	affíggere
prelúdere (to prelude)	chiúdere
preméttere (to put before)	méttere
* premorire (to predecease)	morire
prèndere (to take)	see page 60
prescégliere (to select)	scégliere
+ prescrívere (to prescribe)	scrívere
presúmere (to presume)	giúngere
pretèndere (to claim)	prèndere
+ prevalere (to prevail)	valere
* prevalersi (to take advantage)	valere
prevedere (to foresee)	vedere (No contraction in future and conditional)
prevenire (to precede)	venire
produrre (to produce)	condurre
profferire (to proffer)	inferire (The past absolute is also regular)
prométtere (to promise)	méttere
promuòvere (to promote)	muòvere
prorómpere (to burst out)	rómpere (Past participle not used)
protèggere (to protect, shelter)	lèggere
protrarre (to protract)	trarre
* provenire (to originate)	venire
provvedere (to provide)	vedere (No contraction in future and conditional)
púngere (to sting)	giúngere
racchiúdere (to hold)	chiúdere
raccògliere (to collect)	scégliere
rádere (to shave, raze)	invadere
raggiúngere (to reach)	giúngere
rattòrcere (to twist)	vòlgere
* ravvedersi (to repent)	vedere (No contraction in future and conditional)
ravvòlgere (to wrap up)	vòlgere
recídere (to cut off)	rídere
redímere (to redeem)	see page 61
règgere (to support, govern)	lèggere
rèndere (to render)	prèndere
reprímere (to repress)	opprímere
resístere (to resist)	esístere
respíngere (to repel)	fíngere
restríngere (to tighten)	stríngere (Past participle also restrinto)
riaccèndere (to light again)	prèndere
* riaccòrgersi (to notice again)	pòrgere
* riandare (to recall, go back)	andare (Conjugated regularly when used transitively with meaning "to recall")

89

riannèttere (to reannex) — opprímere (The past absolute is also regular)
* riapparire (to reappear) — apparire
riaprire (to reopen) — aprire
+ riárdere (to burn again) — árdere
riassúmere (to recapitulate) — giúngere
* ricadere (to fall again) — cadere
richièdere (to ask again) — chièdere
rinchiúdere (to close again) — chiúdere
ricíngere (to surround) — fíngere
ricondurre (to bring back) — condurre
riconnèttere (to connect again) — opprímere (The past absolute is also regular)
riconóscere (to recognize) — conóscere
ricoprire (to cover) — aprire
ricorrèggere (to correct again) — lèggere
+ ricórrere (to apply, recur) — córrere
+ ricréscere (to grow again) — créscere
ricuòcere (to cook again) — cuòcere
ridare (to return) — dare
rídere (to laugh) — see page 61
ridire (to repeat, object) — dire
ridurre (to reduce) — condurre
rielèggere (to reelect) — lèggere
rifare (to make again) — fare
riflèttere (to reflect, think) — opprímere (Conjugated regularly when it means "to think")

rifóndere (to refund, melt again) — chiúdere
+ rifúlgere (to shine) — espèllere
* rigiacere (to lie again) — piacere
rilèggere (to read again) — lèggere
* rimanere (to remain) — see page 38
riméttere (to put again) — méttere
rimòrdere (to bite again) — córrere
rimpiángere (to lament) — piángere
rimuòvere (to remove) — muòvere
* rináscere (to revive) — náscere
rinchiúdere (to shut up) — chiúdere
* rincréscere (to be sorry) — créscere
+ rinvenire (to recover) — venire (No contraction in future and conditional)

ripèrdere (to lose again) — pèrdere
riprèndere (to retake) — prèndere
riprodurre (to reproduce) — condurre
+ risalire (to rise again) — salire
risapere (to come to know) — sapere
riscégliere (to choose again) — scégliere
riscoprire (to find out again) — aprire

riscuòtere (to get, collect)   muòvere
risòlvere (to resolve)   see page 61
* risórgere (to rise again)   pòrgere
rispóndere (to answer)   see page 61
* ristare (to cease, delay)   stare
ristríngere (to tighten again)   stríngere (Past participle also ristrinto)
ritenere (to withhold)   tenere
ritíngere (to paint again)   tíngere
ritògliere (to take off again)   scégliere
ritrarre (to withdraw, represent)   trarre
riudire (to hear again)   udire
* riuscire (to go out again, succeed)   uscire
rivalersi (to make use of again)   valere
rivedere (to see again)   vedere
+ rivívere (to live again)   vívere
rivolere (to want back)   volere
rivòlgere (to turn)   vòlgere
ródere (to gnaw, corrode)   see page 61
rómpere (to break)   see page 61
+ salire (to go up)   see page 68
sapere (to know)   see page 39
* scadere (to be due, expire)   cadere
scégliere (to choose)   see page 53
+ scéndere (to go down)   prèndere
scèrnere (to discern)   see page 61
schiúdere (to open)   chiúdere
sciògliere (to loosen)   scégliere
scolpire (to carve)   see page 72
scomméttere (to bet)   méttere
* scomparire (to disappear)   apparire
sconfíggere (to defeat)   scrívere
sconnèttere (to disconnect)   opprimere (The past absolute is also regular)
sconóscere (to underrate)   conóscere
sconvòlgere (to upset)   vòlgere
scoprire (to discover)   aprire
scòrgere (to perceive)   pòrgere
+ scórrere (to flow, glide)   córrere
scrívere (to write)   see page 62
scuòtere (to shake)   muòvere (May keep the diphthong even in an unaccented syllable)
+ sedere (sedersi) (to sit)   see page 40
sedurre (to tempt)   condurre
smuòvere (to displace)   muòvere
socchiúdere (to leave ajar)   chiúdere
soccórrere (to assist)   córrere

soddisfare (to satisfy) — fare (The present indicative, present subjunctive, and future are also regular)
soffrire (to suffer) — offrire
soggiacere (to succumb, be liable) — piacere
soggiúngere (to add) — giúngere
sommèrgere (to submerge) — emèrgere
sommuòvere (to rouse) — muòvere
sopprímere — opprímere
sopraffare (to overwhelm) — fare
* sopraggiúngere (to arrive) — giúngere
sopraintèndere (to superintend) — prèndere
soprassedere (to wait, suspend) — sedere
soprastare (to hang over) — stare
* sopravvenire (to supervene) — venire
* sopravvivere (to survive) — vívere
* sórgere (to rise) — pòrgere
sorprèndere (to surprise) — prèndere
sorrèggere (to support) — lèggere
sorrídere (to smile) — rídere
sospèndere (to defer) — prèndere
sospíngere (to push) — fíngere
sostenere (to support) — tenere
sottintèndere (to understand) — prèndere
sottométtere (to subdue) — méttere
sottoscrívere (to subscribe, sign) — scrívere
sottrarre (to deduct) — trarre
* sottostare (to submit) — stare
sovvenire (to help) — venire
* sovvenirsi (to remember) — venire
spándere (to spread) — see page 62
spárgere (to spread, shed) — árdere
spègnere (to extinguish) — see page 54
spèndere (to spend) — prèndere
spèrdere (to disperse) — pèrdere
* spiacere (to displease) — piacere
spíngere (to push) — fíngere
+ spòrgere (to jut out) — pòrgere
* stare (to stay) — see page 30
stèndere (to spread) — prèndere
stòrcere (to twist) — vòlgere
stracuòcere (to overdo) — cuòcere
stravòlgere (to roll) — vòlgere
stríngere (to press) — see page 62
stupefare (to stupefy) — fare
* succèdere (to succeed) — opprímere (The past absolute is also regular)

suddivídere (to subdivide) — rídere
supporre (to suppose) — porre
+ sussístere (to subsist) — esístere
svèllere (to tear off, uproot) — see page 62
* svenire (to faint) — venire (No contraction in future and conditional)
svòlgere (to unroll) — vòlgere
tacere (to be silent) — piacere
tèndere (to stretch out) — prèndere
tenere (to keep) — see page 42
tèrgere (to wipe) — emèrgere
tíngere (to dye) — fíngere
tògliere (to take away) — scégliere (The contracted infinitive **torre** gives a future in **torrò**, a conditional in **torrei**)
tòrcere (to twist) — vòlgere
tradurre (to translate, take across) — condurre
trafíggere (to pierce through) — scrívere
transigere (to yieeld) — esígere
trarre (to draw, lead) — see page 55
+ trasalire (to be startled) — salire (usually conjugated regularly)
trascégliere (to choose) — scégliere
+ trascórrere (to pass) — córrere
trascrívere (to transcribe) — scrívere
trasmettere (to transmit) — méttere
trattenere (to restrain, keep) — tenere
travedere (to be mistaken) — vedere
travòlgere (to carry away) — vòlgere
uccídere (to kill) — rídere
udire (to hear) — see page 69
ungere (to smear) — giúngere
* uscire (to go out) — see page 70
+ valere (to be worth) — see page 43
vedere (to see) — see page 44
* venire (to come) — see page 71
vilipèndere (to despise) — prèndere
víncere (to win) — fíngere
+ vivere (to live) — see page 56
volere (to want, wish) — see page 45
+ vòlgere (to turn) — see page 62

Guide for Identification of Irregular Verbs

The following list is intended as an aid to identify those verb forms whose root varies from that of the infinitive and which therefore could not be identified by use of the dictionary. For the combination of letters **esc-**, for instance, listed in its proper alphabetical place, the reader is referred to the verb **uscire**, which presents in many of its forms the **esc-** followed by various vowel endings (**esco, esci, esce**).

abbi-	avere	des-	dare
acces-	accèndere	dett-	dare
affiss-	affíggere	dett-	dire
agg-	avere	dev-	dovere
andr-	andare	dia(-)	dare
appai-	apparire	died-	dare
appars-	apparire	dic-	dire
apers-	aprire	discuss-	discútere
apert-	aprire	diss-	dire
ars-	árdere	do	dare
avr-	avere	dobb-	dovere
		dogl-	dolere
berr-	bere	dolg-	dolere
bev-	bere	dols-	dolere
		dorr-	dolere
cadd-	cadere	dovr-	dovere
cadr-	cadere	duol-	dolere
chiegg-	chièdere		
chies-	chièdere	ebb-	avere
chius-	chiúdere	è	èssere
coc-	cuòcere	emers-	emèrgere
conduc-	condurre	enno	èssere
conduss-	condurre	ers-	èrgere
conobb-	conóscere	ert-	èrgere
corre	cògliere	esatto	esígere
cors-	córrere	esc-	uscire
coss-	cuòcere	espuls-	espèllere
cott-	cuòcere		
crebb-	créscere	facc-	fare
		face-	fare
dan-	dare	fan-	fare
dat-	dare	fat-	fare
dav-	dare	fec-	fare
debb-	dovere	fia	èssere
degg-	dovere	fins-	fíngere
dei	dovere	fint-	fíngere

fo	fare
for-	èssere
fos-	èssere
fu(-)	èssere
giuns-	giúngere
giunt-	giúngere
ha(-)	avere
ho	avere
infers-	inferire
infert-	inferire
less-	lèggere
lett-	lèggere
mess-	méttere
mis-	méttere
morr-	morire
mort-	morire
moss-	muòvere
mov-	muòvere
muo-	morire
nacq-	náscere
nascos-	nascóndere
nat-	náscere
noc-	nuòcere
nocc-	nuòcere
nocq-	nuòcere
od-	udire
offers-	offrire
offert-	offrire
oppress-	opprímere
pai-	parere
parr-	parere
pars-	parere
parv-	parere
percett-	percepire
pers-	pèrdere
persuas-	persuadere
piacc-	piacere
piacq-	piacere
pians-	piángere
piant-	piángere
pon-	porre
pong-	porre
pors-	porgere
port-	porgere
pos-	porre
poss-	potere

potr-	potere
pres-	prèndere
può	potere
redens-	redímere
redent-	redímere
rimang-	rimanere
rimarr-	rimanere
rimas-	rimanere
risols-	risòlvere
risolt-	risòlvere
rispos-	rispóndere
ros-	ródere
rott-	rómpere
rupp-	rómpere
sa(-)	sapere
sal-	salire
sapp-	sapere
sapr-	sapere
sar-	èssere
scelg-	scégliere
scels-	scégliere
scelt-	scégliere
scers-	scèrnere
scriss-	scrívere
scritt-	scrívere
sculs-	scolpire
scult-	scolpire
se-	èssere
segg-	sedere
si-	èssere
sied-	sedere
so	sapere
sono	èssere
spans-	spándere
spant-	spándere
speng-	spègnere
spens-	spègnere
spent-	spègnere
stan-	stare
stat-	èssere
stat-	stare
stav-	stare
stem-	stare
stes-	stare
stett-	stare
sti-	stare
sto	stare
strett-	stríngere

strins-	stríngere	vad-	andare
suto	èssere	valg-	valere
svelg-	svèllere	vals-	valere
svels-	svèllere	varr-	valere
svelt-	svèllere	vedr-	vedere
		vegg-	vedere
teng-	tenere	veng-	venire
tenn-	tenere	verr-	venire
terr-	tenere	vid-	vedere
tien-	tenere	vien-	venire
trae-	trarre	viss-	vívere
tragg-	trarre	vivr-	vívere
trai-	trarre	vogli-	volere
trass-	trarre	voll-	volere
tratt-	trarre	vols-	vòlgere
udr-	udire	volt-	vòlgere
		vorr-	volere
va	andare	vuo-	volere